CENTER FOR LANGUAGE
EDUCATION AND COOPERATION
中外语言交流合作中心

中华文化教学手册

刘谦功 主编

刘谦功 郭 鹏
于 洁 刘丽萍 编著

北京语言大学出版社
BEIJING LANGUAGE AND CULTURE
UNIVERSITY PRESS

© 2023 北京语言大学出版社，社图号 23120

图书在版编目（CIP）数据

中华文化教学手册 / 刘谦功主编；刘谦功等编著
. -- 北京：北京语言大学出版社，2023.11
ISBN 978-7-5619-6341-8

Ⅰ.①中… Ⅱ.①刘… Ⅲ.①中华文化－对外汉语教学－教学研究　Ⅳ.① G125 ② H195.3

中国国家版本馆 CIP 数据核字（2023）第 182292 号

中华文化教学手册
ZHONGHUA WENHUA JIAOXUE SHOUCE

排版制作：	北京创艺涵文化发展有限公司
责任印制：	周 燚
摄　　影：	田 琨

出版发行	北京语言大学出版社
社　　址：	北京市海淀区学院路 15 号，100083
网　　址：	www.blcup.com
电子信箱：	service@blcup.com
电　　话：	编 辑 部　8610-82303647/3592/3395
	国内发行　8610-82303650/3591/3648
	海外发行　8610-82303365/3080/3668
	北语书店　8610-82303653
	网购咨询　8610-82303908
印　　刷：	天津画中画印刷有限公司

版　　次：	2023 年 11 月第 1 版	印　　次：	2023 年 11 月第 1 次印刷
开　　本：	787 毫米 × 1092 毫米 1/16	印　　张：	15.5
字　　数：	216 千字		
定　　价：	88.00 元		

PRINTED IN CHINA
凡有印装质量问题，本社负责调换。售后QQ号1367565611，电话010-82303590

作者简介

刘谦功

北京大学中国语言文学系文学学士，北京语言大学人文学院教育学硕士，清华大学美术学院文学博士。现为北京语言大学教授，专门从事国际中文教育工作，讲授过多种本科生与研究生课程，2013年荣获"第九届北京市高等学校教学名师奖"，曾赴保加利亚、荷兰、韩国、美国、新加坡、泰国等十余个国家长期任教或短期讲学，从1993年起一直在国内外讲授国际中文教师培训课程。研究领域主要为国际中文教育、艺术学、中国语言文学。研究成果主要有专著《汉语国际教育导论》《中国艺术史论》等三部，论文《关于汉语典籍译介问题》《从唐三彩看大唐盛世气象》等三十余篇，主编或独著教材《当代中国话题》《汉语新闻阅读教程》等八部。为世界汉语教学学会永久会员。

郭鹏

北京语言大学教授，博士生导师。主要研究领域是唐宋文学与古代文论、国际中文教育等，发表《论唐前诗歌的闲暇书写》《"沉著痛快"与古典文艺精神基调的变迁》等论文40余篇，著有《诗心与文道》《苏轼及苏门诗人诗传》。目前担任国家社科基金重大项目"面向全球孔子学院的中国概况教学创新研究及其数字课程建设"首席专家。曾获教育部霍英东教育基金会第八届高校青年教师奖，入选国家级教学团队负责人、教育部新世纪优秀人才支持计划。学术兼职有中国文学批评研究会理事、中国《文心雕龙》学会理事、北京市高等教育研究会常务理事等。

于洁

河北师范大学中文系文学学士，北京师范大学文学院汉语言文字学（训诂学）硕士、博士。现为北京语言大学汉学与中国学学院教师，从事国际中文教育工作。2008年—2009年曾赴土耳其工作一年。研究领域主要为国际中文教育、汉语言文字学。主编或独著教材《新闻直通车——高级汉语视听教程》（上、下）、《新闻直通车——高级汉语新闻阅读教程》（上、下）两部，参编《中国文化欣赏读本》（刘谦功主编），论文有《基于新标准体系的汉语新闻教材词汇超纲再思考》《新闻词汇大纲建设的必要性及建设构想》《论对外汉语新闻视听教材语料选取的实用性》《"NP+时有+V"的使用特点及其形成机制——兼论"时有"的性质》等。

刘丽萍

北京语言大学文学博士，现为北京语言大学副教授、硕士生导师。长期从事汉语教学及相关研究工作，曾教授的课程包括初级汉语综合课、高级汉语综合课、新闻阅读、中国国情、当代中国话题、中国文化基础和文化专题讨论等。任教期间曾赴哈佛大学交流访问一年，作为国家公派教师在哥伦比亚大学东亚系担任汉语讲师四年。主持或参与完成校级、省部级和国家级科研项目多项，出版专著一部，发表论文十余篇，参编汉语教材五部。

▲ 长白山天池

▲ 黄山

▲ 黄河从兰州穿越而过

▲ 黄河老牛湾

▲ 鄱阳湖

▲ 石钟山

▲ 武汉长江大桥

▲ 平遥古城

▲ 额济纳胡杨林

▲ 琅琊山醉翁亭

▲ 敦煌鸣沙山

▲ 敦煌月牙泉

▲ 莫高窟 　　　　　　　　　　　　▲ 麦积山石窟

▲ 云冈石窟 　　　　　　　　　　　▲ 龙门石窟

▲ 五祖寺 　　　　　　　　　　　　▲ 佛教圣地五台山

▲ 曲阜孔庙 　　　　　　　　　　　▲ 尼山大学堂

▲ 嘉峪关 　　　　　　　　　　　　▲ 古北口长城

▲ 故宫全景 　　　　　　　　　　　▲ 故宫角楼

▲ 颐和园

▲ 宏村徽派建筑

▲ 国家大剧院

▲ 开封清明上河园

▲ 江苏兴化郑板桥故居

▲ 兰亭鹅池

▲ 国家体育场（鸟巢）

▲ 上海世博会中国馆

▲ 上海浦东

▲ 杭州西湖

▲ 拙政园

▲ 蓬莱阁

▲ 屈原祠

▲ 婺源篁岭

▲ 应县木塔

▲ 张掖七彩丹霞

▲ 镇江千华古村

▲ 中国科学技术馆

VII

▲ 中国文字博物馆 　　　　　　　　　　▲ 洛邑古城

▲ 呼伦贝尔大草原 　　　　　　　　　　▲ 呼伦贝尔大草原上的蒙古包

▲ 壶口瀑布 　　　　　　　　　　　　　▲ 湖北省博物馆的编钟表演

前言

  语言随着人类社会的产生和发展而产生和发展，与人类社会的一切息息相关，包括使用这种语言的民族或国家的地理状况、历史渊源、生活方式、思维方法、文化传统等。语言不仅有其内在系统，而且包含文化意蕴、社会功能等外在因素，因而语言与文化的关系是十分密切的。语言是文化的载体，语言学习不仅需要文化理解，而且与文化理解相辅相成。

  外国人学习汉语，自然应当了解中国文化，尤其是中国的历史、现状与中国人的文化观念，这既是学习汉语的重要目的，反过来也能够促进汉语学习的进步。因此，我们在进行汉语教学的同时，必须注重中华文化的介绍与阐释。本书旨在为汉语教师与汉语学习者提供进行中华文化教与学的主要资料，便于随时随地查阅。

  本书的编写原则是：

  1. 在体例编排上采取纲举目张的原则，首先按中华文化的主要方面分为十二大类：地理、历史、哲学、宗教、文学、艺术、语言文字、民俗与民间故事、教育、科学与技术、中外文化交流、国情。然后在每一大类中再分若干小类，如"艺术"这一大类分为"建筑、绘画、书法、雕塑、音乐、舞蹈、戏剧、器物"八个小类；各小类中的具体词条按时间顺序或具体类别排列，如"历史"中的"秦汉"小类中列有"秦始皇、三公九卿、郡县制"等，"文学"中的"理论学说"小类中列有"建安风骨、魏晋风度、盛唐气象"等。全书词条按照中华文化内容进行了较为系统的排列，为使读者检索方便，后面附有"分类索引"和"音序索引"，如果只想查阅某一个文化点，根据文化点所属类别或通过汉语拼音可以直接找到。

  2. 在内容选择上不求面面俱到，主要根据汉语教学与中华文化教学的需要，选取了中华文化诸多方面的主要文化点，如"地理"中的"地形地貌"有"泰山、黄山、长江、黄河、青藏高原、呼伦贝尔草原"等，"民俗与民间故事"中的"饮食习俗"有"四大菜系、满汉全席、浅茶满酒"等。我们选择具体的文化点，首先根据汉语学习的需要，尤其关注在汉语教材中常常出现的文化点；此外也比较充分地考虑了汉学与中国学学习者乃至研究者的需要，尽可能收入一些具有较为深刻文化内涵的文化点，以备不时之需。

3. 在词条解释上力求言简意赅与深入浅出，既保证有足够的信息量，又尽量使内容通俗易懂，力图使读者在基本不需要借助其他工具书的前提下就能读懂本书。有些与词条内容相关但又不足以单列为词条的文化点变色显示，便于读者浏览时能快速抓住关键信息。例如，"哲学"中的"墨子"一条随文附有"显学""隐学"的解释。

本书由刘谦功主编，作者为刘谦功、郭鹏、于洁、刘丽萍，具体分工为：刘谦功负责地理、历史、哲学、宗教、艺术、科学与技术、中外文化交流七个部分的撰写；郭鹏负责文学、语言文字两个部分的撰写；于洁负责民俗与民间故事一个部分的撰写；刘丽萍负责教育、国情两个部分的撰写；最后由刘谦功统稿、定稿。

本书彩页照片全部由田琨先生拍摄，在此表示衷心的感谢！

文化是不断发展变化的，因此《中华文化教学手册》也需要与时俱进，我们会随时关注中华文化的发展变化，不断修改与完善本书，欢迎各界人士提出宝贵意见和建议。

刘谦功
2023 年 5 月 23 日

目录

01 地理
- 01-01 地形地貌　　2
- 01-02 中国近海　　6
- 01-03 资源与环境　　8
- 01-04 行政区划　　9
- 01-05 交通与水利　　10
- 01-06 旅游地理　　12

02 历史
- 02-01 远古　　16
- 02-02 夏商周　　17
- 02-03 秦汉　　19
- 02-04 三国两晋南北朝　　22
- 02-05 隋唐宋　　24
- 02-06 元明清　　26
- 02-07 中华民国　　29

03 哲学
- 03-01 先秦哲学　　34
- 03-02 汉代经学　　45
- 03-03 魏晋玄学　　46
- 03-04 宋明理学　　48
- 03-05 清代哲学　　53

04 宗教
- 04-01 佛教　　58
- 04-02 道教　　60
- 04-03 伊斯兰教　　64

04-04 基督教　　　　　　　　65

05 文学
05-01 体裁类型　　　　　　68
05-02 作家　　　　　　　　74
05-03 名著　　　　　　　　83
05-04 人物形象　　　　　　87
05-05 理论学说　　　　　　91
05-06 寓言故事　　　　　　94

06 艺术
06-01 建筑　　　　　　　　98
06-02 绘画　　　　　　　　105
06-03 书法　　　　　　　　107
06-04 雕塑　　　　　　　　110
06-05 音乐　　　　　　　　111
06-06 舞蹈　　　　　　　　114
06-07 戏剧　　　　　　　　115
06-08 器物　　　　　　　　118

07 语言文字
07-01 语言　　　　　　　　124
07-02 文字　　　　　　　　128

08 民俗与民间故事
08-01 节日习俗　　　　　　136
08-02 饮食习俗　　　　　　140
08-03 服饰　　　　　　　　144
08-04 民间艺术　　　　　　146
08-05 民间工艺　　　　　　148
08-06 武术与运动　　　　　151

08-07 人生礼俗　　152
　　08-08 民间信仰　　154
　　08-09 民间故事　　157

09 教育
　　09-01 制度　　162
　　09-02 教育理念　　163
　　09-03 学校发展　　165
　　09-04 教育家　　167

10 科学与技术
　　10-01 天文与历法　　170
　　10-02 地学　　172
　　10-03 农学　　173
　　10-04 算学　　174
　　10-05 医学　　176
　　10-06 航天与航空　　180

11 中外文化交流
　　11-01 秦汉　　186
　　11-02 唐宋　　187
　　11-03 元明清　　189
　　11-04 当代　　192

12 国情
　　12-01 政治　　196
　　12-02 经济　　197
　　12-03 民生　　199

分类索引　　203

音序索引　　217

01 地理

中国位于欧亚大陆东部、太平洋西岸，陆地面积约960万平方千米，根据地理位置、自然条件、经济发展等各方面的特点，可分为东部季风区、西北干旱区、青藏高寒区三个自然区。东部季风区南北纬度差别较大，以"秦岭—淮河"为界，分为北方地区和南方地区。所以，中国有北方地区、南方地区、西北地区、青藏地区四大部分。

中国地形多种多样，山岭、高原、丘陵、平原、盆地俱全，河流、湖泊众多，地势西高东低，呈阶梯状分布。大陆海岸线长约1.8万千米，有渤海、黄海、东海、南海四大海域。海域分布有大小岛屿7600个，其中台湾岛最大。

中国气候复杂多变，东部属季风气候，西北部属温带大陆性干旱气候，青藏高原属高寒气候。温度带可划分为热带、亚热带、暖温带、中温带、寒温带和青藏高原气候区。因此，中国的农作物与动植物资源都非常丰富。

中国省级行政区共有34个，包括23个省、5个自治区、4个直辖市和2个特别行政区。

给学生介绍中国地理，建议：首先，讲明总体状况，如地势西高东低、大江大河多向东流等；其次，可突出一些亮点，如世界最高峰珠穆朗玛峰（中、尼境内）、"母亲河"黄河的历史渊源与文化内涵等；最后，还应与学生感兴趣的中国旅游景点相结合，如北京、泰山、西双版纳等，让学生直观可感地了解中国地理。

01-01 地形地貌

喜马拉雅山 Himalaya

喜马拉雅山在藏语中的意思是"冰雪之乡",分布在中国西藏自治区和巴基斯坦、印度、尼泊尔、不丹境内。东西长约 2450 千米,宽度在 200—350 千米,有 50 多座山峰海拔超过 7000 米,是地球上海拔最高的山脉。主峰是位于中、尼边界的珠穆朗玛峰,海拔高达 8848.86 米,为世界第一高峰。发源于喜马拉雅山的雅鲁藏布江是中国海拔最高的大河之一,其干流水能蕴藏量十分丰富。

昆仑山 Mount Kunlun

昆仑山位于中国西部,东西长约 2500 千米,宽度在 150—350 千米之间,总面积 50 多万平方千米,是高原地貌的基本骨架。在中国境内地跨青海、新疆、西藏 3 个省(自治区),高峰之一是新疆境内的公格尔山,海拔约 7649 米。除山峰外,昆仑山上还有河流、湖泊、泉水等重要水资源,以及丰富多样的动物与植物资源。在中华民族文化史上,昆仑山具有"万山之祖"的崇高地位。

天山 Mount Tianshan

天山位于欧亚大陆腹地,横跨中国新疆维吾尔自治区中部,西端伸入哈萨克斯坦和吉尔吉斯斯坦。全长约 2500 千米,南北平均宽度一般为 250—350 千米,最宽处达 800 千米,是世界上最大的独立纬向山系(东西走向山系)。天山在中国境内约 1760 千米长,面积约 41 万平方千米,大致把新疆分成两个部分:南边是塔里木盆地,北边是准噶尔盆地。托木尔峰是天山山脉主峰,海拔 7443 米;天池是天山上的湖泊,海拔 1980 米。2013 年,天山以"新疆天山"之名被列入《世界遗产名录》。

长白山 Mount Changbai

长白山位于中国吉林省东南部的中国和朝鲜的边境上,海拔 2500 米。

山上有天池，天池周围有十几座山峰，其中将军峰位于朝鲜一侧，海拔 2749 米，是长白山的最高峰；白云峰位于中国一侧，海拔 2691 米，是中国东北地区的最高峰。长白山具有神奇的火山地貌与完整的山地森林生态系统，人文景观、历史遗迹与民俗文化都独具特色，是首批国家 5A 级旅游景区，也是联合国"人与生物圈"自然保留地。

泰山 Mount Taishan

泰山位于山东省中部，有"天下第一山"之称，主峰玉皇顶海拔 1532.7 米。自古以来，中国人就崇拜泰山，民间有"泰山安，四海皆安"的说法。从秦始皇开始，中国古代有不少帝王亲临泰山封禅（"封"为祭天，"禅"为祭地，"封禅"指古代帝王为表明自己受命于天所举行的祭祀天地的大典）。道教与佛教则把泰山当作"仙山佛国"，在泰山建造了大量宫观与寺庙。泰山是中华传统文化的象征，体现了中国人"天人合一"的思想观念。1987 年，泰山被列入《世界遗产名录》。

黄山 Mount Huangshan

黄山位于安徽省南部，主峰莲花峰海拔 1864.8 米。代表景观有"四绝三瀑"，"四绝"为"奇松、怪石、云海、温泉"，"三瀑"为"人字瀑、百丈泉、九龙瀑"。其中，以"奇松"中的"迎客松"最为著名，这棵松树破石而生，一侧向外伸出，好像在欢迎远道而来的客人。迎客松的树龄有 1000 多年，已成为黄山的标志性景观，也是安徽省的一张名片，北京人民大会堂的贵宾接待厅就挂有铁画《迎客松》。目前黄山每年举办一次"黄山国际旅游节"，活动内容主要有黄山风光之旅、黄山古民居之旅等。1990 年，黄山被列入《世界遗产名录》。

秦岭 Mount Qinling

秦岭东西走向，横跨中国中部，是渭河、淮河和汉江、嘉陵江水系的分水岭，中国地理上的南北分界线。秦岭以南属亚热带气候，自然条件为南方型；秦岭以北属暖温带气候，自然条件为北方型。由于秦岭南北的气候和自然条件不同，所以农业生产特点也不同。

长江 Yangtze River

长江发源于青藏高原的唐古拉山，干流流经青海、西藏、四川、云南、重庆、湖北、湖南、江西、安徽、江苏、上海等11个省、自治区、直辖市，在上海崇明岛东面注入东海。长江全长6300千米，流域面积达178.3万平方千米，是中国第一大河、世界第三大河（仅次于非洲的尼罗河和南美洲的亚马孙河）。长江入海之前的冲积平原被称为"长江三角洲"。

黄河 Yellow River

黄河是中国第二大河，全长5464千米，流域面积79.5万平方千米。黄河发源于青海省巴颜喀拉山脉，自西向东流经青海、四川、甘肃、宁夏、内蒙古、陕西、山西、河南、山东等9个省、自治区，最后注入渤海。黄河中上游以山地为主，中下游以平原、丘陵为主，中段从黄土高原挟带了大量泥沙，所以黄河是世界上含沙量最多的河流。黄河流域气候温和，有利于农作物生长，先民很早在这里定居，所以黄河是中华文明的主要发源地，因而被中国人称为"母亲河"。

珠江 Pearl River

珠江的主干流发源于云贵高原的马雄山，长2215.8千米。珠江流域跨越云南、贵州、广西、广东、湖南、江西等6个省、自治区，以及越南北部，下游从8个入海口注入南海。流域面积约45.3万平方千米（其中包括越南境内的1万多平方千米），是中国境内第三大河。珠江水系大小河流众多，航运非常发达。珠江三角洲是以广州、深圳、珠海等9个城市为基础延伸扩大的区域，既是地理区域，也是经济区域，具有先进的制造业和现代的服务业，是中国参与经济全球化的主体区域。

钱塘江 Qiantang River

钱塘江旧称"浙江"，是吴越文化的主要发源地之一。干流流经安徽、浙江两省，经杭州湾注入东海。全长605千米，流域面积4.88万平方千米。钱塘江大潮被誉为"天下第一潮"，在农历八月十八前后最为壮观。钱塘江大桥由中国桥梁专家茅以升主持设计、施工，1934年8月动工，1937年9月建成，上层公路桥长1453米，下层铁路桥长1322.1米，是中国自行设计、建造的第一座铁路、公路双层两用桥。

青藏高原 Qinghai-*Xizang* Plateau

青藏高原是世界上海拔最高的高原，被称为"世界屋脊"。青藏高原东西长约2700千米，南北宽约1400千米，总面积约250万平方千米。根据地形可分为藏北高原、藏南谷地、柴达木盆地、祁连山地、青海高原和川藏高山峡谷区6个部分，平均海拔4000米以上，为东亚、东南亚和南亚许多大江大河的发源地，纳木错、青海湖等湖泊是青藏高原的著名景点。青藏高原居民以藏族为主，他们与汉族、门巴族、珞（luò）巴族等民族共同创造了丰富多彩的高原文化体系。

呼伦贝尔草原 Hulun Buir Grassland

呼伦贝尔草原位于内蒙古东北部、大兴安岭以西，因呼伦湖、贝尔湖而得名，海拔在550—1000米，总面积约9.3万平方千米，有3000多条河流、500多个湖泊，是著名的天然牧场。呼伦贝尔草原地跨森林草原、草甸草原和干旱草原3个地带，四季分明，属温带大陆性气候，冬季严寒漫长，夏季温和短促。

吐鲁番盆地 Turpan Basin

吐鲁番盆地位于新疆天山东部南坡，面积1.57万平方千米，"吐鲁番"是维吾尔语"低地"的意思。吐鲁番盆地四面环山，中部低凹，地表热量不易散发，极端高温曾达47.6℃。盆地内干旱少雨，全年日照时数有时达到3200小时，年均降水量为16毫米，平均无霜期达211天。优越的光热条件和独特的气候使盆地内盛产葡萄、哈密瓜等经济作物，是名副其实的"瓜果之乡"。

鄱阳湖 Poyang Lake

鄱阳湖位于江西省北部，是中国第一大淡水湖，面积2933平方千米。

湖区有41个岛屿和11个县级以上自然保护区，水产资源极为丰富，水生植物多种多样，每年来此越冬的候鸟达300多种，主要有天鹅、白鹤、白鹳等。鄱阳湖北通长江，湖口有石钟山（因山石多空隙、水石相搏如钟声而得名）。北宋文学家苏轼曾夜泊山下，写出千古名篇《石钟山记》。鄱阳湖滨还有风景名胜庐山，形成了大湖、名山、巨川"三位一体"的壮丽景观。

青海湖 Qinghai Lake

青海湖位于青藏高原东北部、青海省境内，面积4635平方千米，是中国最大的内陆咸水湖。湖区是多民族居住地区，有藏族、汉族、蒙古族、回族、土族、撒拉族等12个民族，其中藏族人数最多，约占69%，是湖区的主要民族。青海湖岸边天然牧场辽阔，优质良田遍布，冬季多雪，夏季多雨，发展畜牧业和农业的条件得天独厚。在交通方面，青海湖南北两岸曾是丝绸之路青海道和唐蕃古道的必经之地，目前这里已形成可通达湖区各处的公路交通网。

太湖 Taihu Lake

太湖位于江苏、浙江两省交界处，北临无锡，南濒湖州，西依宜兴，东近苏州，面积2420平方千米，是中国第三大淡水湖。湖中有岛屿48个，以洞庭西山最大。太湖流域土地肥沃，水网密布，是著名的"鱼米之乡"。相传，远古时大禹在太湖治理水患，开凿了3条主要水道——东江、娄江、吴淞江，沟通了太湖与大海的渠道，将洪水疏导入海，这就是司马迁在《史记》中记载的"禹治水于吴，通渠三江五湖"。

01-02 中国近海

渤海 Bohai Sea

渤海是中国的内海，由辽东湾、渤海湾、莱州湾、中央盆地和渤海海峡组成。一面临海，三面环陆，北、西、南三面分别与辽宁、河北、山东、天津三省一市相邻，东面经渤海海峡与黄海相通，辽东半岛的老铁山与山东半岛的蓬莱角之间的连线即为渤海与黄海的分界线。海域面积 7.72 万平方千米，平均水深 18 米，最深 70 米。渔业、港口、石油、旅游、海盐是渤海的五大优势资源。

黄海 Yellow Sea

黄海是中国三大边缘海之一，位于中国大陆与朝鲜半岛之间。因近岸海水呈黄色，故名"黄海"。黄海西北部与渤海相连，南部以中国长江口北岸到韩国济州岛西南角连线与东海分界。海域面积 37.86 万平方千米，平均水深 40 米。注入黄海的主要河流有鸭绿江、淮河等。濒临黄海的主要行政区有中国的辽宁、山东、江苏三省和朝鲜的平安北道、韩国的仁川等。黄海鱼类丰富，有烟威、石岛、海州湾等精良渔场。

东海 East China Sea

东海是中国三大边缘海之一，北以中国长江口北岸到韩国济州岛一线同黄海分界，南以广东南澳岛到台湾本岛南端一线同南海分界，东到琉球群岛。海域面积 79.48 万平方千米，北部水深 600—800 米，南部水深约 2500 米。东海大陆架蕴藏着极为丰富的石油资源，已发现多个油田。东海属于亚热带和温带气候，是各种鱼虾繁殖和栖息的良好场所，因而成为中国海洋生产力最高的海域。东海优良港湾很多，如上海港，航道深阔，适于停泊巨轮，是中国年吞吐量最大的港口之一。

南海 South China Sea

南海是中国近海中面积最大、水位最深的海区，海域面积约 358.91 万平方千米，平均水深 1212 米，最深 5567 米。南海岛屿众多，包括东沙群岛、西沙群岛、中沙群岛、南沙群岛等。南海有丰富的海洋石油和天然气资源、滨海旅游资源、港口航运资源、热带和亚热带生物资源。

01-03 资源与环境

矿产资源 Mineral Resources

中国地域辽阔，地貌多样，矿产资源十分丰富，截至 2018 年，已经探明储量的矿产资源有 162 种。煤炭是中国的主要能源，产量约为世界总产量的 50%，居第 1 位。山西、内蒙古、陕西、新疆是中国煤炭生产的主要省（自治区）。中国的石油、天然气资源也很丰富，陆上油田主要分布在东北、华北、西北等地区，如大庆、胜利、克拉玛依等油田，近海海域也蕴藏着丰富的石油和天然气资源。此外，有色金属的储量也很可观，其中钨（wū）、锑（tī）、稀土等金属储量居世界首位。虽然中国矿产资源丰富，已探明的矿产资源总量居世界第 3 位，但由于人口众多，人均占有量仅居世界第 53 位。

水资源 Water Resources

中国水资源十分丰富，江河湖泊众多。江河主要有长江、黄河、珠江等，湖泊主要有鄱阳湖、洞庭湖、青海湖等。中国水资源地区分布不均匀，东南多，西北少，由东南向西北递减。按照径流量来看，长江最大，年平均径流总量为 9755 亿立方米，占全国径流总量的 1/3 以上，仅次于南美洲的亚马孙河和非洲的刚果河，居世界第 3 位。但中国人口众多，人均水资源贫乏，仅为世界平均水平的 1/4。

动物资源 Animal Resources

中国的动物资源非常丰富，种类众多，全国陆栖脊椎动物约有 2070 种，约占全世界陆栖脊椎动物种类的 9.8%，其中鸟类 1170 多种、兽类 400 多种、两栖类 184 种。有些动物为中国特有或主要分布在中国，如大熊猫、梅花鹿、金丝猴、丹顶鹤、扬子鳄等。其中大熊猫是中国的国宝，是和平与友谊的使者，世界自然基金会将大熊猫的图案作为会徽。

植物资源 Plant Resources

由于中国的地理环境复杂，地貌特征多样，因此中国有着极其丰富的植物资源。据统计，中国有高等植物共3万多种，数量居世界前3位。按照用途，主要可分为五类：食用植物资源，如油脂植物、维生素植物等；药用植物资源，如中草药、植物性农药等；工业用植物资源，如木材、纤维等；保护和改造环境用植物资源，如绿化植物、防风固沙植物；种质资源等。

环境保护 Environmental Protection

中国是一个发展中国家，正处于工业化、城市化的进程中，环境问题比较突出，因而中国政府把环境保护列为一项基本国策。近年来，中国政府采取了各种措施进行环境治理，如建立世界著名的生态工程"三北防护林"，建设山东长岛、新疆哈纳斯、青海可可西里等多种多样的自然保护区，颁布《中华人民共和国环境保护法》等。目前，中国的环境治理已经取得了显著成效，城市环境与农业生态环境都得到了改善，尤其是全民环境保护意识的提高，十分有利于环境方面的可持续发展。

01-04 行政区划

省 Province

省是中国的一级行政区划单位，地方最高行政区域名称，源于古代的行省制。省人民政府是省人民代表大会的执行机关，对省人民代表大会和国务院负责并报告工作，管理本省的经济、文化、教育、科学、卫生、民政、公安等事务。中国现有23个省：河北、山西、辽宁、吉林、黑龙江、江苏、浙江、安徽、福建、江西、山东、河南、湖北、湖南、广东、海南、四川、贵州、云南、陕西、甘肃、青海、台湾。

自治区 Autonomous Region

自治区在中国相当于省一级行政区划单位，在国家的统一领导下，各少数民族聚居的地方实行区域自治，设立相应的自治机关，行使自治权。中国现有5个自治区：内蒙古自治区、广西壮族自治区、西藏自治区、宁夏回族自治区、新疆维吾尔自治区。

直辖市 Municipality Directly under the Central Government

直辖市是由中央人民政府直接管辖的大城市。作为行政区域，与省、自治区同级。直辖市往往人口众多，并在全国的政治、经济、文化等各个方面具有重要地位。中国现有4个直辖市：北京、上海、天津、重庆。

特别行政区 Special Administrative Region

特别行政区是指中国设立的实行特殊制度的地方行政区域。全国人民代表大会分别于1990年和1993年通过了《中华人民共和国香港特别行政区基本法》和《中华人民共和国澳门特别行政区基本法》，两个基本法第1条规定：特别行政区是中华人民共和国不可分离的部分；第12条规定：特别行政区是中华人民共和国的一个享有高度自治权的地方行政区域，直辖于中央人民政府。中国现有2个特别行政区：香港特别行政区、澳门特别行政区。

01-05 交通与水利

铁路 Railway

铁路是中国最重要的运输方式之一，中国铁路干线可以分为南北干线和东西干线两大组，在南北干线和东西干线交叉或衔接处形成了许多重要铁路枢纽，如北京、上海、郑州、哈尔滨、西安、武汉、重庆等。截至2022年底，中国铁路营业里程15.5万千米，其中高铁营业里程4.2万千米，占世界高铁营业里程的2/3以上。2021年，中国铁路完成旅客发送量26.12亿人次，铁路完成货物总发送量47.74亿吨。

公路 Highway

中华人民共和国自1949年成立以来，尤其是1978年改革开放以来，公路建设发展十分迅速，公路运输网已遍布全国各地，实现了"县县通公路"的规划，尤其值得赞赏的是高速公路的建设。截至 2022 年底，中国公路里程为 535.48 万千米，其中高速公路里程为 17.73 万千米。中国高速公路主要分为两大类：国家高速公路、省级高速公路。国家高速公路主要联通全国范围内的重要城市，省级高速公路主要联通本省和邻省的城市。

航空 Aviation

航空已成为中国重要的交通运输方式之一，而且其重要性还在与日俱增。截至 2022 年底，中国共有运输航空公司 66 家。其中著名的三大航空公司是中国国际航空股份有限公司（国航）、中国东方航空集团有限公司（东航）、中国南方航空集团有限公司（南航）。此外，中国民航的基础设施建设也在日益完善，上海浦东国际机场、北京大兴国际机场均为近年来建造的世界级航空枢纽。同时，中国的航空运输安全也已达到国际先进水平。

水运 Water Transport

中国水运的历史十分悠久，早在商代就有了帆船，隋朝京杭运河的开通更是一个壮举。中国河流众多，海岸线漫长，水运条件十分优越。在内河航运方面，长江是最重要的航线，其干流从四川宜宾到入海口，全长 2800 多千米，一年四季都可通航，沿岸重要城市有重庆、武汉、南京等。在海洋航运方面，有上海、大连、天津、青岛、宁波、厦门、广州等优良港口，远洋船舶可以到达 150 多个国家和地区。

南水北调工程 South-to-North Water Diversion Project

南水北调工程是中国为了解决北方地区缺水问题而进行的水资源优化配置的国家战略性基础设施工程。通过东线、中线和西线三条调水线路与长江、黄河、淮河和海河四大江河联系，构成"四横三纵"的布局，以利于实现中国水资源"南北调配、东西互济"的合理配置格局。

都江堰 Dujiangyan Irrigation System

都江堰坐落于四川省都江堰市的岷（mín）江中游，始建于秦昭王末年（约公元前 256—前 251），是战国时期著名水利工程专家、蜀郡太守李冰父子组织修建的大型水利工程。2000 多年来，都江堰一直发挥着防洪灌溉的作用，使成都平原成为沃野千里的"天府之国"。灌区 30 多个县（市、区），灌溉面积 1076 万亩，是世界上迄今为止年代最久、唯一留存并使用的、以无坝引水为特征的宏大水利工程。2000 年，都江堰被列入《世界遗产名录》。2018 年，都江堰入选世界灌溉工程遗产名录。

京杭运河 Grand Canal

京杭运河也称"大运河"，全长 1747 千米，是世界上里程最长、工程最大的古代运河。北起北京，南到杭州，途经北京、天津两市及河北、山东、江苏、浙江四省，贯通海河、黄河、淮河、长江、钱塘江五大水系。京杭运河对中国南北地区之间的经济发展与文化交流，特别是沿线地区工农业经济的发展，起到了重大的作用。2002 年，京杭运河被纳入"南水北调"东线工程；2014 年，京杭运河被列入《世界遗产名录》。

01-06 旅游地理

平遥古城 Ancient City of Pingyao

平遥古城位于山西省平遥县，距今已有 2800 多年的历史，是中国境内保存最完整的一座古代县城，迄今还较为完好地保留着明清时期县城的基本风貌。1997 年，平遥古城被列入《世界遗产名录》，是中国以整座古城申报世界文化遗产获得成功的两座古城之一。著名景点有平遥古城墙、镇国寺、平遥县衙、日升昌票号等。

丽江古城 Old Town of Lijiang

丽江古城位于云南省丽江市，是中国保存完整的纳西族聚居的古镇，距今已有 800 多年的历史。古城总体布局与建筑融汉、白、彝、藏各民族精华，并具有纳西族的独特风格。古城依山傍水，三面环山，家家门前有流水。城市建筑自然古朴，民居大多为土木结构，是自然美与人工美、艺术性与实用性相结合的典范。1997年，丽江古城以整座古城申报世界遗产成功，被列入《世界遗产名录》。

景德镇 Jingdezhen

景德镇位于江西省东北部，与广东佛山镇、湖北汉口镇、河南朱仙镇合称"中国四大名镇"。它是中国历史文化名城，更是驰名世界的"瓷都"。景德镇早在汉代就开始生产陶瓷，元明清以来一直是中国瓷器生产中心。景德镇瓷器品种繁多，风格独特，以"白如玉，明如镜，薄如纸，声如磬"著称，其中青花瓷、玲珑瓷、粉彩瓷、色釉瓷合称"景德镇四大传统名瓷"。在外贸瓷中，景德镇瓷器也占有重要地位。宋代以来，景德镇瓷器常年行销海外，对世界陶瓷业的发展影响极大。如今，景德镇的陶瓷业依然十分繁荣。

西双版纳 Xishuangbanna

西双版纳位于云南省南端，地处热带北部边缘，属热带季风气候。西双版纳有中国唯一的热带雨林自然保护区，是中国热带生态系统保存最完整的地区，有着"植物王国""动物王国""生物基因库"等美称。1993年，西双版纳加入联合国"人与生物圈"自然保护网。西双版纳也是中国第二大天然橡胶生产基地，还是普洱茶的故乡。西双版纳以神奇的热带雨林和独特的少数民族风情吸引着世界各地的游客。

香格里拉 Shangri-La

香格里拉是云南省迪庆藏族自治州州府所在地。香格里拉在藏语中的意思是"心中的日月"，在这里生活的除主体民族藏族外，还有汉族、彝族、白族等20多个民族。20世纪30年代，香格里拉因英国作家詹姆斯·希尔顿（James Hilton）的小说《消失的地平线》（*Lost Horizon*）而广为人知。香格里拉自然风景优美、人文历史悠久，拥有普达措国家公园、独克宗古城、噶丹·松赞林寺、虎跳峡等著名景点。

九寨沟 Jiuzhaigou Valley

九寨沟位于四川省阿坝藏族羌族自治州，海拔 2000 米以上，山高谷深，湖泊棋布，植被繁茂，珍稀动物资源丰富，主要有大熊猫、金丝猴、羚羊等珍贵动物。九寨沟保存着独特的原始风貌，著名景点有珍珠滩瀑布、五花海、树正群海等。九寨沟是中国第一个以保护自然风景为主要目的的自然保护区，1992 年，九寨沟被列入《世界遗产名录》。

额济纳 Ejina

"额济纳"是额济纳旗的简称，位于内蒙古自治区西端，平均海拔 1000 米左右，地形主要为戈壁、山地、沙漠、丘陵、湖沼、绿洲等。额济纳人文历史悠久，自然风貌独特。弱水河东岸的黑城是西夏重要的农业基地和边防要塞，是河西走廊通往西域的交通要道和重要枢纽，也是丝绸之路上现存最完整、规模最大的古城遗址。既耐旱又耐涝的胡杨林是世界稀有树种之一，而额济纳胡杨林区是世界仅存的三处原始胡杨林之一，每到秋天，遍野金黄，美不胜收。

02 历史

中国历史十分悠久，传说中，远古时期的炎黄二帝被尊奉为中华民族的人文始祖，他们初步建立起了原始社会体系。约公元前2070年，中国最早的朝代夏朝建立，而后西周制定了完备的礼制，东周时期社会动荡，出现了思想上的"百家争鸣"。公元前221年，秦王嬴政（后称"秦始皇"）建立了中国历史上第一个统一的中央集权国家——秦朝。汉朝进一步巩固和发展了大一统的局面。三国两晋南北朝时期，处于分裂状态。隋唐时期重新统一，经济发达，文化昌盛，达到封建社会的顶峰。宋元时期多元文化碰撞交融，社会获得长足进步。明朝经济复苏，末年出现资本主义萌芽。清朝末年鸦片战争爆发，西方列强入侵，中国沦为半殖民地半封建社会。1911年，辛亥革命推翻了帝制，中华民国成立，确立了共和政体。1949年，中华人民共和国成立，中国历史进入了一个崭新的阶段。

给学生讲解中国历史，建议：首先，要关注重要时代，如秦汉、唐宋、明清等，包括这些时代的重要时期，如"文景之治""开元盛世""康乾盛世"等；其次，要关注重要事件，这些事件不仅在当时有重要意义，对后世也有深远影响，如王安石变法等；最后，还要关注重要成果，包括物质与精神等方面。

02-01 远古

三皇五帝 Three Sovereigns and Five Emperors (in Ancient China)

关于"三皇五帝",具体的说法有所不同。从生存技术的进步、自然经济的发展和古代文明的形成等角度看,"三皇"一般指伏羲、神农、燧(suì)人,"五帝"一般指黄帝、颛(zhuān)顼(xū)、帝喾(kù)、尧、舜,他们率领民众开创了中华文明。近现代考古的一些发现证明,"三皇五帝"虽是传说,但也包含了真实历史的影子。他们不是真正的帝王,而是部落首领,后人尊封他们为"皇"或"帝"。

仰韶文化 Yangshao Culture

仰韶文化是中国新石器时代的文化,时间为公元前5000—前3000年,因1921年首次在河南省三门峡市渑池县仰韶村发现而得名,主要分布在黄河中上游地区,代表了母系氏族社会繁荣时期的文化。仰韶文化以农业为主,生产工具主要是磨制石器,已出现有一定布局的村落,选址一般在黄河两岸高而平的地带,利于农业、畜牧业的发展,取水和交通也很方便。仰韶文化制陶业较发达,日用器物多见带有彩绘图案的陶器,因此也有"彩陶文化"之称。

河姆渡文化 Hemudu Culture

河姆渡文化是长江下游以南地区的新石器时代文化,属母系氏族社会时期,年代为公元前5000—前3300年,主要分布在杭州湾南岸的宁绍平原及舟山岛,因1973年第一次发现于浙江省余姚河姆渡镇而得名。河姆渡文化的建筑成就很高,有大量"干栏式房屋"遗迹(干栏式房屋即在木制底架上建的高出地面的房子)。河姆渡文化的代表性器物为黑陶。

02-02 夏商周

三星堆遗址 Sanxingdui Ruins

三星堆遗址是中国新石器时代至商周时期早期蜀文化遗址，位于四川广汉，距今已有2800—4800年历史，面积约12平方千米，是迄今在西南地区发现的范围最大、延续时间最长、文化内涵最丰富的古城、古国与古蜀文化遗址，被誉为"长江文明之源"，昭示了长江流域与黄河流域一样同属中华文明的母体。三星堆最具特色的考古发现是青铜人像，如头戴高冠、身穿长袍的青铜立人像，形象夸张、极富地方特色的青铜人头像，既像人又像兽、有一双纵目（眼睛像望远镜那样凸出来）和两只大耳的青铜面具等。古人常以夸大身体某些器官的手法表现无边的法力，彰显了威慑力。

二里头文化 Erlitou Culture

二里头文化是中国青铜时代的文化，年代为公元前18—前16世纪，主要分布在河南、山西、陕西、湖北等省。最具代表性的器物是陶器，以灰陶为主。居址有半地穴式、地面式、窑洞式3种。农业以种植粟和稻为主，并有高度发达的铸铜、制玉等手工业。二里头文化是东亚大陆最早进入青铜时代的文化之一，奠定了华夏文化的基础。

武王伐纣 King Wu's Conquest over Yin

武王伐纣是指公元前1046年周武王姬发起兵讨伐商纣王帝辛，终止了商朝，建立了西周王朝的历史事件。西周利簋铭文记载："武王征商，唯甲子朝，岁鼎，克昏夙有商。"此铭文证实了古籍中"战一日，而破纣之国"的记载。武王伐纣的关键性战役是牧野之战，即周武王联军与商朝军队在牧野（今河南新乡）进行的决战，是中国历史上以少胜多、以弱胜强的著名战例之一。

井田制 the "Nine Squares" System of Land Ownership in China's Slave Society

井田制是中国古代的一种土地制度，出现于夏朝，成熟于西周。由于耕田中道路和渠道纵横交错，把土地分隔成方块状，形状像"井"字，因此称作"井田"。井田制是一种以国有为名的贵族土地所有制，实际耕作者对土地只有使用权，没有所有权，土地在一定范围内实行定期平均分配。春秋时期，随着铁制农具与牛耕方式的普及，井田制逐渐瓦解。

宗法制 Patriarchal Clan System

宗法制由氏族社会父系家长制演变而来，是王公贵族按血缘关系分配国家权力，以建立世袭统治的一种制度，特点是宗族组织与国家组织合二为一。宗法制出现于夏商时期，完备于周朝。按照周朝的宗法制度，宗族分为大宗和小宗，周王为天下的大宗，除嫡长子以外的儿子被封为诸侯。诸侯对天子而言是小宗，但在他的封国却是大宗。在后来的历史发展过程中，统治者不断对宗法制加以改造，使其逐渐成为由政权、族权、神权、夫权组成的封建宗法制。宗法制对中国社会历史发展的进程影响深远。

春秋五霸 the Five Hegemons of Spring and Autumn Period

"春秋五霸"指春秋时期5个势力强大的诸侯国，但具体所指说法不一。根据《孟子·告子下》，指齐桓公、晋文公、秦穆公、宋襄公、楚庄王；根据《荀子·王霸》，指齐桓公、晋文公、楚庄王、吴王阖闾（lú）、越王勾践。春秋时期，大国争霸，诸侯割据，谋求霸主地位的不止五位，只是选取最有代表性的五位，合称"春秋五霸"。

初税亩制 Initial Tax on Land Per *Mu*

初税亩制是按实际占有土地面积征税的制度。春秋时期，鲁国在宣公十五年（公元前594），不论公田、私田，一律实行按亩征税的田赋制度，同时允许农民以实物税代替劳役地租。初税亩制是中国古代征收田赋的开始，也是土地私有化的开始，推动了新兴封建生产关系的产生和发展。

战国七雄 Seven Major Powers during the Period of the Warring States

"战国七雄"是战国时期7个最强大的诸侯国的统称。经过春秋时期长时间的争霸战争，周王朝的诸侯国数量大大减少，周王室作为"天下共主"已名存实亡。诸侯国之间战争不断，大体以"三家分晋"为标志进入战国时期，到战国中期，仅剩齐国、楚国、燕国、韩国、赵国、魏国、秦国，史称"战国七雄"。

商鞅变法 Shang Yang's Reform

战国时期，秦国的秦孝公即位以后决心进行改革，四处纳贤。商鞅自魏国应招入秦，提出废井田、重农桑、奖军功、统一度量、建立县制等一整套变法求新的发展策略，得到秦孝公的信任与支持，在公元前356年和公元前350年先后两次实行变法。经过商鞅变法，秦国的经济得到很大的发展，军队战斗力不断增强，秦国成为战国后期最为富强的国家，为秦始皇统一天下奠定了基础。

封禅 Offering Sacrifices to Heaven and Earth on Mount Taishan

"封禅"是中国古代帝王为表明自己受命于天而举行的祭祀天地的大型典礼，"封"为祭天，"禅"为祭地。古人认为群山中泰山最高，为"天下第一山"，因此帝王一般会在改朝换代或乱后大治时去泰山举行封禅仪式，向天地报告重整乾坤的丰功伟绩，同时表示接受天命而治理人世。秦始皇、汉武帝、宋真宗等都曾在泰山举行过封禅大典。

02-03 秦汉

秦始皇 First Emperor of Qin Dynasty

秦始皇嬴政（公元前259—前210），13岁继承王位，22岁亲理朝政，先后灭掉韩、魏、楚、燕、赵、齐等六国，39岁完成统一大业，建立了中国历史上第一个大一统的中央集权制国家，奠定了中国2000余年政治制度的基本格局。秦始皇认为自己功盖"三皇五帝"，因此集"皇"与"帝"两个称号于一体，自称"始皇帝"。秦始皇有许多影响后世的创举，如在中央实行三公九卿制管理国家，在地方上以郡县制取代分封制，统一文字、货币与度量衡等，修建直道和驰道，实现"书同文""车同轨"，同时北击匈奴，南征百越，修筑长城万余里。

三公九卿 Three Dukes and Nine Ministers

"三公"和"九卿"都是古代中央官名的合称。"三公"一般指丞相、御史大夫、太尉。丞相辅佐皇帝处理全国事务，太尉掌管军队，御史大夫负责奏章与监察百官。"九卿"一般指奉常、郎中令、卫尉、太仆、廷尉、典客、宗正、治粟内史、少府。奉常掌管宗庙祭祀；郎中令掌管皇帝侍卫；卫尉掌管宫廷警卫；太仆掌管宫廷车马；廷尉掌管司法；典客掌管民族事务与对外关系；宗正掌管皇帝宗族事务；治粟内史掌管国家财政；少府掌管皇室收入与官府手工业。"三公"与"九卿"均由皇帝任免，一律不得世袭。

郡县制 System of Prefectures and Counties

郡县制是中国古代继分封制之后出现的以郡统县的两级地方行政制度，实行由中央直接任免官员的任期制。既是官僚政治取代血缘政治的标志，也是由贵族封建制度走向皇帝专制制度的象征。县制与郡制均起源于春秋时期，楚国的楚武王实行县制，秦国的秦穆公实行郡制。经过历代法家的改革，最终郡县制成型于秦汉时期，一直影响着后世。

焚书坑儒 Burning Books and Burying Confucian Scholars Alive

"焚书坑儒"是秦始皇统一天下后，为加强思想文化领域的控制而制造的焚毁书籍、坑杀儒生的事件。公元前 213 年，博士（指秦朝掌管书籍文典的官职）淳（chún）于越反对实行郡县制，要求根据古制分封子弟。丞相李斯反对，主张禁止儒生以私学批评朝政。秦始皇采纳李斯的建议，下令焚毁《秦记》以外的列国史记等大量所谓"禁书"，"焚书"对古代文化典籍造成了极大的破坏。"坑儒"是秦始皇因求长生不老仙药而被方士欺骗，恼羞成怒，于公元前212年在咸阳坑杀了460多名方士和儒生。

陈胜、吴广起义 Uprising of Chen Sheng and Wu Guang

公元前209年，陈胜、吴广等900余人被征召前往渔阳保卫边疆，在蓟（jì）县大泽乡（今安徽宿州）遇到大雨，不能如期到达目的地。按秦朝的法律，这是死罪。情急之下，陈胜、吴广发动兵变。陈胜自立为将军，吴广为都尉，建立张楚政权。6个月后，起义被秦军镇压而失败。陈胜、吴广起义是中国历史上第一次大规模农民起义，拉开了秦末农民战争的序幕，为推翻秦朝统治奠定了基础。

楚汉之争 the War between Chu and Han

"楚汉之争"是指刘邦和项羽为争夺统治权进行的战争。公元前206年，秦朝灭亡后，项羽自立为"西楚霸王"，封刘邦为"汉王"，把巴蜀分封给刘邦。后刘邦乘项羽出战之机，攻占关中并继续东进，占领了项羽的彭城（今江苏徐州）。项羽军事上处于优势，回师打败刘邦，刘邦联合各地反对项羽的力量进行反击。双方僵持不下，于公元前203年约定以鸿沟为界，东属楚，西属汉。第二年，刘邦乘项羽撤兵之机全力追击，将项羽围困在垓下。项羽见大势已去，突围失败后，在乌江边自刎。刘邦夺取天下，建立汉朝。

文景之治 Peace and Prosperity during the Reigns of Emperors Wen and Jing

"文景之治"是指西汉文帝和景帝统治时期出现的盛世。因多年战乱，汉初社会经济不景气，百姓生活困苦，朝廷采取了"轻徭薄赋"（减轻赋税）政策：一方面，减轻田租，鼓励生产，发展商业，让社会得以休养生息；另一方面，改革刑制，不兴战事，恢复国力。同时，汉文帝和汉景帝还"以德化民"，使社会越来越安定，百姓越来越富裕。到汉景帝后期，国库丰裕，百姓安居乐业，封建统治得到巩固。"文景之治"是中国进入封建社会的第一个盛世，对后世产生了重要影响。

《史记》 Historical Records

《史记》是西汉史学家司马迁撰写的史书,是中国第一部纪传体通史,记载了上至传说中的黄帝、下到汉武帝的3000多年历史。司马迁早年受教于孔子十二世孙孔安国、经学家董仲舒,并遍游各地搜集资料。公元前108年,司马迁任太史令,继承父业,著述历史,"究天人之际,通古今之变,成一家之言",完成了《史记》这部巨著。《史记》全书共130篇,分为:十二本纪,记载历代帝王政绩;三十世家,记载诸侯国兴亡;七十列传,记载重要人物事迹;十表,为大事年表;八书,为各种典章制度。《史记》规模宏大,体制完备,内容丰富,文字生动,被列为正统史书"二十四史"之首,与后来的《汉书》《后汉书》《三国志》合称"前四史",对后世史学和文学产生了深远的影响。

赤壁之战 Battle of Chibi

赤壁之战是指东汉末年孙权、刘备联军在长江赤壁大破曹操大军的战役,是中国历史上以少胜多、以弱胜强的著名战役。东汉末年,曹操初步统一北方后,于建安十三年(208)率20余万大军南下,孙权和刘备集5万联军共同抵抗。曹军在赤壁失利退到江北,孙、刘联军利用曹军远行疲劳、疾病流行、不善水战等弱点,以火攻击败曹军。曹操战败后退回北方,孙权、刘备各夺得荆州的一部分,奠定了三国鼎立的基础。

02-04 三国两晋南北朝

三国鼎立 Tripartite Confrontation of Three Kingdoms

三国是上承东汉下启西晋的历史时期,分为曹魏、蜀汉、东吴3个政权。208年,孙权、刘备联军在赤壁之战中击败曹操,奠定了三国鼎立的基础。220年,曹丕称帝,国号"魏",史称"曹魏",三国历史正式开始。221年,刘备在成都称帝,史称"蜀汉"。同年,孙权接受魏国封号,称

"吴王",三国鼎立局面正式形成。三国疆域大体上曹魏占北方,东吴占东南,蜀汉占西南。三国局面持续了40余年,曹魏后期被司马懿掌控,其子司马昭于263年灭蜀汉。两年后,司马昭之子司马炎废魏元帝自立,建国号"晋",史称"西晋",并于280年灭东吴,实现了统一。

十六国 Sixteen Kingdoms

4世纪初到5世纪前期,北方各族统治者先后建立了许多政权。历史上把北方主要的15个政权,连同西南的成汉,总称"十六国"。十六国一般指前赵、成汉、前凉、后赵、前燕、前秦、后燕、后秦、西秦、后凉、南凉、南燕、西凉、北凉、夏、北燕。十六国后期,鲜卑拓跋氏建立的北魏逐渐统一北方。

淝水之战 Battle of Feishui

淝水之战发生于383年,是东晋时期北方政权前秦向南方的东晋发起的战役,是中国历史上著名的以少胜多的战役之一。前秦宣昭帝苻(fú)坚率领80万大军南下,企图一举灭晋。东晋派谢玄等率领8万将士抵抗,大胜秦军先锋部队。苻坚登城远望,见晋军阵势严整,误将山上草木认作晋军。晋军到达淝水(今安徽寿县),要求秦军略向后移,以便渡河决战。苻坚想等晋军渡到一半时猛攻,便稍稍退让。谁知晋军渡水突击,大乱秦军阵脚。秦军不愿作战,一退而不可收拾,最后大败。成语"草木皆兵""风声鹤唳"都是出自这里。

九品中正制 Nine-Rank System

九品中正制是魏晋南北朝时期重要的选官制度,制定于220年。具体内容为:先在各郡设置中正,再在各州设置大中正,中央分发人才调查表,将人才分为9个等级(也就是"九品"),中正根据人才的家世、才德定等级。评定结果经司徒府鉴定,审核通过后送吏部作为选官依据。九品中正制上承两汉察举制,下启隋唐科举制,是中国封建社会三大选官制度之一。

02-05 隋唐宋

三省六部制 Three Departments and Six Ministries System

三省六部制是中国古代封建社会一套组织严密的中央官制，初创于隋朝，完善于唐朝。"三省"指中书省、门下省、尚书省，"六部"指尚书省下属的吏部、户部、礼部、兵部、刑部、工部。每部下面设有四司，共二十四司。在发展过程中，三省六部制的组织形式和权力范围在不同朝代和不同时期各有变迁，统治者也都做过一些有利于自己治理的调整和补充。

贞观之治 Governance during the Zhenguan Reign

"贞观之治"是指唐朝初年唐太宗在位时出现的政治清明、经济复苏、文化繁荣的局面。唐太宗运用道家思想治国，采取以农为本、厉行节约、休养生息、文教复兴、完善科举等政策，同时平定外患、稳固边疆，最终取得了天下大治的理想局面。因其年号为"贞观"，所以称"贞观之治"。"贞观之治"为后来的"开元盛世"奠定了重要基础。

武则天 Wu Zetian

武则天（624—705）是中国历史上唯一的女皇帝，14岁进宫为唐太宗才人（宫廷女官），唐高宗时封昭仪，后为皇后。唐中宗、唐睿宗时，她作为皇太后临朝称制（指由皇后或皇太后等女性统治者代理皇帝执掌国政）。天授元年（690）武则天自立为帝，改国号为"周"，定都洛阳，建立"武周"。从功绩上看，武则天善于治国、重视人才，首创科举考试的"殿试"制度，主政期间政策稳定、经济发达、文化繁荣、百姓富裕，故有"贞观遗风"的美誉，为其孙唐玄宗的"开元盛世"打下了良好的基础。

开元盛世 Heyday of Kaiyuan

"开元盛世"也称"开元之治"，指唐玄宗开元年间（713—741）出现的盛世局面。唐玄宗在政治上整顿吏治，注重革新；在经济上发展农业，增加税收；在军事上改革兵制，扩张疆域；在外交上以和为贵，友善睦邻。这一时期，唐朝空前强盛，人口大幅度增长，城市也更为繁华，对外贸易不断增长，与各国的文化交流也极为频繁，唐朝进入全盛时期，中国封建社会达到顶峰。因为当时的年号为"开元"，所以称"开元盛世"。

安史之乱 Armed Rebellion Led by An Lushan and Shi Siming

"安史之乱"是在唐玄宗末年至唐代宗初年（755—763），由唐朝将领安禄山与史思明发动的叛乱。这场内战使唐朝损失了大量人口，经济受到重创，国力大大削弱。由于发起叛乱的指挥官以安禄山与史思明为主，因此被称为"安史之乱"；又由于这场战乱爆发于唐玄宗天宝年间，所以也称"天宝之乱"。"安史之乱"是唐朝由盛而衰的转折点。

王安石变法 Wang Anshi's Reform

王安石变法是北宋神宗时的政治改革。北宋中叶，土地兼并加剧，农民日益贫困，社会矛盾加深，引起了国家财政危机。熙宁三年（1070），神宗任命王安石为宰相。王安石为了富国强兵，进行了一系列变法：商业上，实行了均输法、市易法；农业上，实行了青苗法、募役法、方田均税法；军事上，实行了保甲法等。变法在一定程度上改变了北宋积贫积弱的局面，充实了政府财政，提高了国防力量，但触犯了上层官员和贵族的利益，最终被废除。

《资治通鉴》 Historical Events Retold as a Mirror for Government

《资治通鉴》由北宋政治家、史学家、文学家司马光历时19年编撰而成，是中国第一部多卷本编年体通史，共294卷。该书以时间为纲、事件为目，记录了从周威烈王二十三年（公元前403）到五代后周世宗显德六年（959）共1362年的历史。在这部史书里，编者总结出许多经验教训供统治者借鉴。宋神宗认为此书"鉴于往事，有资于治道"，意思是可供其借鉴历史得失来加强统治，所以定名为《资治通鉴》。

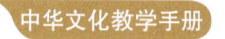

02-06 元明清

成吉思汗 Genghis Khan

成吉思汗（1162—1227），即"元太祖"，名铁木真，蒙古乞颜部孛儿只斤氏族。经过多年征战建立了蒙古汗国，被认为是杰出的军事家与政治家。他颁布札撒，建万人怯薛，封诸千户，设札鲁忽赤掌管行政司法诸事。

忽必烈 Kubla Khan

忽必烈（1215—1294），亦称"薛禅皇帝"，元代皇帝，1260—1294年在位，成吉思汗之孙。忽必烈在位期间建立了包括行省制在内的各项制度，加强对边疆的控制，注重农桑，倡办学校，使社会经济得以恢复与发展。

郑成功 Zheng Chenggong

郑成功（1624—1662）是明末清初收复台湾的名将。当时台湾为荷兰殖民者所侵占，1661年，郑成功率领数万将士从厦门出发，在台湾禾寮港（今台南市）登陆，围攻荷兰总督府，击溃敌人的援兵。1662年，郑成功收复台湾，而后在台湾建立行政机构，推行屯田制，促进了台湾经济的发展。

《永乐大典》 Yongle Encyclopedia

《永乐大典》是中国第一部百科全书式的文献集，奉明成祖朱棣之命编写，开始于永乐元年（1403），完成于永乐六年（1408），全书22877卷，11095册，约3.7亿字，汇集图书七八千种。《永乐大典》的规模远超前代所有类书，展示了中国古代文化与科学的伟大成就。正本藏于南京文渊阁，约明朝灭亡时被毁。1960年，中华书局据历年征集所得，影印出版730卷；1986年，再次影印，增至797卷。

康乾盛世 Kang-Qian Flourishing Age

"康乾盛世"又称"康雍乾盛世"，历经清朝康熙、雍正、乾隆三代皇帝，是中国封建社会最后一个盛世。这一时期，国力强盛，社会稳定，经济繁荣，疆域辽阔，西方史学界称这段时期为"High Qing"，意思是清朝高峰期。然而"康乾盛世"也是一个有争议的时期：从中国历史纵向看，其盛世规模只有量的增加而没有质的改变；从世界历史横向看，这一时期中国的科学技术已明显落后于西方，但清朝统治者妄自尊大，反对变革，闭关锁国，严重制约了社会的进步。

《四库全书》 The Complete Library of Four Branches of Literature

《四库全书》全称为《钦定四库全书》，在清代乾隆皇帝的主持下由众多官员与学者编辑而成，分经、史、子、集四部，所以称为"四库"。共收录3503种图书，计79337卷，36000余册，约9.97亿字。乾隆皇帝命人手抄了7部《四库全书》，分别藏于"北四阁"和"南三阁"，前者为文渊阁、文源阁、文溯阁、文津阁，后者为文汇阁、文宗阁、文澜阁。

八旗制度 the Banner System (of Qing Dynasty)

八旗制度是清代满族的一种社会组织形式。明万历二十九年（1601），努尔哈赤初设黄、白、红、蓝四旗；万历四十三年（1615），增设镶黄、镶白、镶红、镶蓝四旗，共为八旗，并称前建四旗为正黄、正白、正红、正蓝旗。八旗制度设立初期兼有军事、行政、生产等方面的职能。清朝建立后，旗人享有很多特权，但至清朝后期，他们渐渐变得败落无能，所以后来人们把享有特权而不务正业的人称作"八旗子弟"。

鸦片战争 the Opium War of 1840—1842

鸦片战争是1840—1842年英国对中国发动的侵略战争。18世纪末，英国开始向中国大量输入鸦片，导致中国白银外流，严重破坏了社会经济和生产，也严重损害了中国人的健康。1838年，清道光皇帝派林则徐去广东查禁鸦片，第二年，林则徐在虎门大规模销毁鸦片，并多次击败英军的挑衅。1840年，英国发动侵华战争，攻占定海后要挟清政府谈判。1841年1月，初次议和不成，英军又陆续攻陷虎门、厦门、宁波等地。1842年

8月，英军进犯南京，清朝政府被迫签订了丧权辱国的《南京条约》，内容为中国割让香港岛，赔偿损失，开放广州、福州、厦门、宁波、上海5处为通商口岸，中英协定关税等。这是中国历史上第一个不平等条约，中国从此开始沦为半殖民地半封建社会。

第二次鸦片战争 the Second Opium War

第二次鸦片战争是1856—1860年英、法在俄、美支持下联合发动的侵华战争，目的是进一步打开中国市场。1860年，清咸丰帝逃往热河（今河北承德），英法联军攻入北京，闯入圆明园掠夺珍宝并将其烧毁。战争中，沙俄出兵后以"调停有功"自居，胁迫清政府割让40多万平方千米的领土。战争以清政府被迫签订《北京条约》结束，该条约包括《中英北京条约》《中法北京条约》《中俄北京条约》。第二次鸦片战争后，外国资本的侵略开始由沿海进入内地，中国的半殖民地化程度进一步加深。

太平天国 Taiping Heavenly Kingdom

太平天国（1851—1864）是清朝后期在一次农民起义基础上创建的政权。1851年，起义领袖洪秀全等人组成的领导集团在广西金田村发动反抗清政府的武装起义，建国号"太平天国"。1853年，攻下江宁（今南京），定都于此，改称"天京"。1864年，天京被清军攻占，太平天国政权覆灭。太平天国运动是中国近代历史上规模最大的农民战争。

洋务运动 the Westernization Movement

洋务运动是19世纪60—90年代晚清洋务派所进行的一场引进西方先进科学技术以挽救清朝统治的运动。洋务派以"自强""求富"为目的，以"中学为体、西学为用"为原则。朝廷的主要代表是恭亲王奕䜣等满族宗亲贵族，地方的主要代表是曾国藩、李鸿章等汉族官员。洋务运动进行了30多年，虽然没有使中国富强起来，但使中国出现了第一批近代企业，在客观上促进了中国民族资本主义的产生和发展。由于洋务运动没有从根本上摆脱外国资本主义的压迫和控制，也无法摆脱封建势力的阻碍，因此难以避免失败的命运。中日甲午战争的战败也宣告了洋务运动的失败。

甲午战争 the Sino-Japanese War of 1894—1895

甲午战争也称"中日甲午战争"，指 1894—1895 年的中日战争，因其爆发的 1894 年为甲午年而得名。日本为夺占朝鲜、侵略中国，长期准备发动战争。尽管中国人民和爱国官兵英勇作战，但因清政府腐败且毫无准备，终遭失败。清政府与日本签订了丧权辱国的《马关条约》，主要内容包括割地、赔款、开设外贸口岸等。该条约适应了列强对中国输出资本的需要，加深了中国的半殖民地化和民族危机。

戊戌变法 the Reform Movement of 1898

戊戌变法是晚清时期以康有为、梁启超为代表的维新派通过光绪皇帝进行的资产阶级改良运动。1898 年 6 月 11 日开始实施，主要内容有改革政府机构，鼓励私人兴办工矿企业，开办新式学堂，训练新式陆军、海军，改革科举考试，废除八股等。变法遭到以慈禧太后为首的守旧派的强烈反对，慈禧太后于 1898 年 9 月 21 日发动政变，囚禁光绪皇帝，康有为、梁启超逃往海外，谭嗣同等"戊戌六君子"被杀害，历时 103 天的变法宣告失败。戊戌变法是中国近代史上的重要政治改革，也是一次思想启蒙运动，对社会的进步起到了很大的推动作用。

02-07 中华民国

辛亥革命 the Revolution of 1911

辛亥革命是指发生于中国农历辛亥年（1911），旨在推翻清朝帝制、建立共和政体的全国性革命。1911 年 10 月 10 日，武昌起义爆发，这是一场以推翻清朝统治为目的的兵变，军事总指挥为蒋翊武。起义军掌控武汉三镇后，湖北军政府成立，黎元洪被推举为都督。起义的胜利使清朝走向灭亡。1912 年 1 月 1 日，孙中山就职中华民国临时大总统，中华民国正式成立。1912年2月12日，清帝发布退位诏书，中国2000多年的封建君主专制制度宣告结束。辛亥革命在政治上、思想上给中国人民带来了不可低估的解放作用，是近代中国非常重要的资产阶级民主革命，以巨大的震撼力和影响力推动了中国社会的变革。

中华民国 the Republic of China

中华民国是1912—1949年中国国家的名称，简称"民国"。1911年1月1日，孙中山就职中华民国临时大总统，中华民国正式成立。之后，政权落入北洋军阀手中，其间列强侵略，军阀混战。1921年，中国共产党成立后，推动孙中山于1924年改组国民党，推翻了北洋军阀统治。1927年，蒋介石在南京建立国民政府。1949年，中国人民在中国共产党领导下，推翻南京国民政府，建立中华人民共和国。

孙中山 Sun Yat-sen

孙中山（1866—1925），名文，字德明，号日新，后改号逸仙，广东香山（今中山）人，中国近代伟大的民主革命家。1905年，孙中山在日本组建中国同盟会，被推举为总理，确定"驱除鞑虏，恢复中华，建立民国，平均地权"的革命政纲，后又提出"三民主义"学说，即民族主义、民权主义、民生主义。1911年，武昌起义后，孙中山在南京被17省代表推选为中华民国临时大总统，并于1912年1月1日在南京宣誓就职，建立中华民国临时政府。1912年2月13日，因革命党人和袁世凯妥协，被迫辞职。1914年，在日本建立中华革命党，重举革命旗帜。1917年，在广州组织护法军政府，当选为大元帅，誓师北伐。1918年，受桂系军阀和政学系挟制，被迫去职。屡经失败，陷入困境。俄国十月革命的胜利和中国共产党的成立，给他带来新的希望。1923年，他在广州重建大元帅府。1924年，改组中国国民党成为工人、农民、小资产阶级和民族资产阶级的革命联盟。孙中山著有《建国方略》《建国大纲》《三民主义》等著作。

新文化运动 the New Culture Movement（1915—1919）

新文化运动是由陈独秀、李大钊、鲁迅、胡适、蔡元培等受过西方教育的知识分子发起的"反传统、反孔教、反文言"的文化革新和文学革命运动。1915年，陈独秀在其创办的《青年杂志》（第二卷起改名《新青年》）创刊号上发表《敬告青年》一文，提倡民主与科学，公开挑战传统的封建思想文化，标志着新文化运动的开始。新文化运动前期实质上是资产阶级新文化反对封建主义旧文化的斗争，后期则以先进的知识分子宣传马克思主义为主题。这场运动促进了中国人民特别是知识青年的觉醒，为中国共产党的诞生做好了思想准备。

五四运动 the May Fourth Movement

五四运动是1919年5月4日爆发的中国人民反对帝国主义、封建主义的爱国运动。第一次世界大战（1914—1918）结束后，中国作为战胜国之一参加了1919年在巴黎召开的"和平会议"（史称"巴黎和会"）。会上，西方列强无视中国政府的要求，将德国在山东的特权转让给日本，中国的外交失败引发了五四运动。从5月4日开始，北京的学生纷纷罢课，举行游行示威，但遭到镇压。随后天津、上海、广州、南京、武汉、济南等地的学生和工人也积极响应。政府迫于压力，释放了被捕学生，拒绝在对德合约上签字，五四运动告一段落。五四运动是中国旧民主主义革命和新民主主义革命的分界线，标志着新民主主义革命的开端，为中国共产党的诞生奠定了思想基础。1949年12月，中国中央人民政府正式将5月4日定为"青年节"。

中国共产党 the Communist Party of China

中国共产党是于1921年7月在上海创建的中国工人阶级的先锋队，中国人民和中华民族的先锋队。中国共产党第一次全国代表大会确定中国共产党是无产阶级政党，其最高理想和最终目标是实现共产主义。中国共产党成立后，开始了反帝反封建的革命斗争，并逐渐成为中国人民的革命领导力量，带领中国人民推翻了帝国主义、封建主义和官僚资本主义的压迫，建立了中华人民共和国，成为执政党。中华人民共和国成立后，中国共产党带领中国人民进行社会主义建设，在中国确立了社会主义制度，走出了一条中国特色社会主义道路。中国共产党以马克思列宁主义、毛泽东思想、邓小平理论、"三个代表"重要思想、科学发展观、习近平新时代中国特色社会主义思想作为自己的行动指南。

03 哲学

　　中国哲学是中国人对社会、万物、宇宙的根本认识,古代哲学的发展高峰为春秋"百家争鸣",汉唐儒、释、道渐盛,宋代儒学大复兴,近代中西哲学融合。春秋时期出现的"百家争鸣"局面,以汉代史学家司马谈概括的"儒、道、墨、法、名、阴阳"为主;汉代为了大一统政治的需要,实行"罢黜百家,独尊儒术"政策;魏晋时期佛、道思想渐盛,自此以后,中国哲学领域达到了一种自由思考的境界,开启了半政治哲学、半人生哲学的新时代;到唐朝时,儒、释、道均获得了长足发展;宋明理学超越了政治哲学和宗教哲学,以人生哲学为理论重心,充分体现以人为本、内在超越的精神;清朝开始批判正统理学,引发了考据学思潮。近代以来的中国哲学则主要关注对中国古代哲学和对西方哲学的研究。

　　给学生阐释中国哲学,建议:首先,适当阐明影响了中国历史与文化数千年的中国主要哲学家及其哲学思想,如孔子、孟子、老子、庄子及其思想等;其次,由于哲学比较抽象,学生往往难以理解,所以要抓住重点中的重点,讲求少而精;最后,还应结合现实生活让学生亲身感受,如孔子的许多哲学思想至今仍然是中国人的行为准则。

03-01 先秦哲学

孔子 Confucius

孔子（公元前551—前479），名丘，字仲尼，春秋末期鲁国陬（zōu）邑（今山东曲阜）人，思想家、教育家、政治家，儒家学派创始人。孔子主张以德治国，创立了以"仁"为核心的道德哲学，其倡导的"孝悌（tì）"思想至今仍影响着中国人。孔子首创私人讲学，提出"有教无类""因材施教"等教育理念，整理并传授六经，即六部先秦古籍——《诗》《书》《礼》《易》《乐》《春秋》。孔子的弟子及其再传弟子将孔子及其弟子的言行和思想记录下来，整理、编辑成儒家经典——《论语》。

儒家学派 Confucian School

儒家学派是由孔子创立的重要思想流派，是中国历史上影响最大的学派，影响并主导了中国古代主流思想和传统文化的发展，对中国、东亚，乃至世界都产生了深远影响。儒家思想主要包括：孔子的"仁""礼"等思想，孟子的"性善论"与"仁政"学说，荀子的"性恶论"与"礼治"学说，董仲舒的"贯通天人"学说，宋代理学家的"性即理"思想，明代王阳明的心学思想等。汉武帝时，大臣董仲舒提出"罢黜百家，独尊儒术"的主张，即废除其他思想，只尊崇有利于皇权统治的儒家学说，后世多有沿袭，《论语》在儒家经典中的地位日益提高。

《论语》Analects of Confucius

《论语》是儒家经典著作，是孔子及其弟子的语录集，由孔子的弟子及再传弟子编写，成书于战国初期。《论语》以语录体为主、叙事体为辅，集中体现了孔子的政治主张、伦理思想、道德观念、教育原则等，主要涵盖了3个既各自独立又紧密相关的范畴：伦理道德方面的"仁"，社会政治方面的"礼"，认知方法方面的"中庸"。相传，北宋政治家赵普曾说"半部《论语》治天下"，说明了《论语》在中国古代社会所发挥的巨大作用。

仁 Ren

"仁"是中国古代含义非常广泛的道德范畴，本质为人与人之间的相互亲爱。孔子认为"仁"是最高的道德原则、道德标准和道德境界，并将这三者汇集于一体，形成以"仁"为核心的伦理思想体系，包括孝、弟（即"悌"，指敬爱兄长）、忠、恕、智、勇、恭、宽、信、敏、惠等内容。

礼 Li

"礼"是从"仁"发展出来的产物，重点在于"外"与"表"，是中国古代社会的典章制度、礼节仪式和道德行为规范的总称。"礼"作为宗法制度、社会制度，在西周时就已经颇具规模了。至春秋战国时期，随着周天子地位的衰落，维系这一制度的核心动摇，出现了孔子所谓的"礼崩乐坏"的局面。孔子就是在这种形势下，呼吁重新恢复周礼，并强调"礼"的内在精神价值，使"礼"不仅成为一种社会制度，而且成为人们主动遵从的道德规范。

六艺 the Six Classical Arts

"六艺"是周朝贵族的教育内容，起源于夏、商。据《周礼·保氏》记载："养国子以道，乃教之六艺：一曰五礼，二曰六乐，三曰五射，四曰五御，五曰六书，六曰九数。"周王官学要求学生掌握6种基本才能，即礼、乐、射、御、书、数。具体说来，它们分别为礼法、乐舞、射箭、驾车、书法、算术。

《周礼》 Rites of Zhou

《周礼》是儒家经典，世传为周公所著，但今天多数学者认为《周礼》成书于战国至汉代。《周礼》亦称《周官》，西汉学者刘歆改其名为《周礼》。《周礼》是记载周朝官职制度的书，分为天、地、春、夏、秋、冬等6篇，集中反映了先秦时期社会政治、经济、文化、风俗、礼法等方面的情况，包含丰富的史料和精辟的史论。《周礼》《仪礼》《礼记》合称"三礼"，记录了古代华夏民族礼乐文化的基本形态，所记载的礼法最具权威性，对历代礼制的影响也最深远。

《仪礼》 Book of Etiquette and Ceremonial

《仪礼》是春秋战国时期记载礼仪文节的专书，原名为《礼》，汉初称《士礼》，晋代始称《仪礼》。《仪礼》共17篇，记载了周代的冠、婚、丧、祭、乡、射、朝、聘等8个方面的礼仪，其中以士大夫的礼仪为主。《仪礼》是"三礼"中成书较早的一部，文字艰涩，所记载的礼仪又非常复杂，需要经过专门训练才能掌握。

《礼记》 Book of Rites

《礼记》成书于汉代，为西汉礼学家戴圣所编。《礼记》记载了先秦礼制的重要典章制度，体现了儒家重要的思想观念：第一，哲学思想，如天道观、宇宙观、人生观等；第二，政治思想，如"以教化政"、大同社会、礼制刑律等；第三，教育思想，如个人修身、教育制度、教学方法、学校管理等；第四，美学思想，如"物动心感"说、"礼乐中和"说等。《礼记》是研究儒家思想与先秦社会的重要资料。

孟子 Mencius

孟子（约公元前372—前289），名轲，字子舆，战国时期邹（今山东邹城）人，思想家、政治家、教育家，儒家学派代表人物，与孔子并称"孔孟"。孟子在政治上主张"仁政"，最早提出"民贵君轻"的思想。孟子认为如何对待民众是一个极其重要的问题，必须重视民生与民意，他通过大量史实阐述了民心向背是关乎"得天下"与"失天下"的关键问题。孟子及其弟子万章、公孙丑等著有《孟子》一书，记载了孟子及其弟子的政治、教育、哲学、伦理等思想观点与政治活动。孟子因捍卫儒家的思想原则，被推崇为儒家道统的传道人，后世称其为"亚圣"。

舍生取义 Sacrifice One's Life for a Just Cause

"舍生取义"是孟子的著名观点，语出《孟子·告子上》："生，亦我所欲也；义，亦我所欲也。二者不可得兼，舍生而取义者也。"意思是说，生命，是我所要的；正义，也是我所要的。如果二者不能同时得到，就选择正义而舍弃生命。

性善论 the Theory of Virtuous Human Nature

"性善论"是孟子关于人性的著名论断。孟子以"性善论"为依据，在政治上主张实行"仁政"。孟子十分重视道德本性，认为："无恻隐之心，非人也；无羞恶之心，非人也；无辞让之心，非人也；无是非之心，非人也。"这就是儒家著名的"四端说"："恻隐之心，仁之端也；羞恶之心，义之端也；辞让之心，礼之端也；是非之心，智之端也。"

荀子 Xunzi

荀子（约公元前313—前238），名况，战国时期赵国人，思想家、文学家、政治家。荀子对各家思想都有批判，独尊孔子，认为孔子的思想是最好的治国理念。他以孔子继承人自居，在批判的基础上总结和吸收了诸子百家的理论，形成了"天人相分"的自然观、"化性起伪"（改造人的本性，使之树立道德观念）的道德观、"礼仪之治"的社会观。荀子对儒家思想的发展主要为"性恶论"，强调后天环境和教育对人的影响，其学说常被后人拿来跟孟子的"性善论"比较。

性恶论 the Theory of Evil Human Nature

"性恶论"是战国末期荀子提出来的，为中国古代人性论的重要学说之一。荀子针对孟子的"性善论"提出："人之性恶，其善者伪也。"因此，必须发挥教化的作用："有师法之化，礼义之道，然后出于辞让，合于文理，而归于治。"荀子的"性恶论"认为人性有恶，强调道德教育的必要性；孟子的"性善论"认为人性向善，注重道德修养的自觉性。二者既相互对立，又相辅相成，对后世人性学说产生了重要影响。

老子 Laozi

老子（约公元前571—前471），姓李名耳，字聃，哲学家、思想家，道家学派创始人。老子思想体系的核心是"道"，"道"是宇宙万物的本原，他提出了"道生一,一生二,二生三,三生万物"的观点,认为"人法地,地法天,天法道,道法自然"。"法"在这里是"效法、学习"的意思。老子提出了朴素辩证法思想,认为有无、刚柔、强弱等都是相互依存、相互联结的。老子的思想对中国哲学的发展影响至深,他的传世著作为《道德经》,又称《老子》。

庄子 Zhuangzi

庄子(约公元前369—前286),姓庄名周,战国时期宋国蒙(今河南商丘)人,思想家、哲学家、文学家,是道家学派的主要代表人物之一。庄子在哲学思想上继承和发展了老子"道法自然"的观点,使道家真正成为一个学派,他认为"道"是客观真实的存在,并把"道"视为宇宙万物的本原。庄子最早提出"内圣外王"(内具圣人的才德,对外施行王道)思想,对后世国家治理影响深远。庄子的代表著作为《庄子》,哲理深奥,文笔优美,在哲学与文学上都有极高的价值。

道家学派 Taoist School

道家学派是以先秦老子、庄子关于"道"的学说为中心的学术派别。道家之名,始见于司马谈《论六家之要指》,称为"道德家"。自《汉书·艺文志》,开始称之为"道家"。老子即为道家学派创始人,他首先提出了"道"的学说,其指的是宇宙万物产生的根源及其运动变化规律。道家主张"道法自然"。道家学派的思想对后世产生了深远影响,成为中国传统文化的重要组成部分。

《道德经》 Tao Te Ching

《道德经》为老子的传世著作,又称《老子》,该书以哲学意义上的"道德"为纲,论述了修身、治国、用兵、养生之道,被誉为"万经之王"。《道德经》的主题思想为"道法自然",而"道"是一个很抽象的概念:在哲学上,老子认为"道"是宇宙万物的本原与本体;在伦理上,老子将"道"与"德"联系起来,提倡纯朴、无私、清静、淡泊等因循自然的德性；在政治上，老子以"道"为最高准则，主张"无为而治"。《道德经》对中国文化产生了巨大而深远的影响。

《庄子》 The Book of Master Zhuang

《庄子》为庄子及其后学所著，主要阐述了庄子在哲学、艺术、美学，乃至人生、社会、宇宙等方面的观点，想象力极其丰富，具有超乎时代的浪漫主义风格，同时展示出独特的思想境界和文学意境。以《逍遥游》为例，文章表现了一种追求绝对自由的人生观，阐述了"至人无己，神人无功，圣人无名"的道理，认为只有无所依凭才能游于无穷。全文想象力丰富，构思新颖，具有独特的浪漫主义风格。再以《齐物论》为例，其主要观点是：一切事物归根到底都是相同的，没有是非、美丑、善恶、贵贱之分，万物从本质上是浑然一体的。文章涉及宇宙观与认识论的很多问题，对研究中国古代哲学具有重要意义。

墨子 Mozi

墨子（约公元前468—前376），姓墨名翟，春秋战国之际的思想家、政治家、科学家、军事家，墨家学派创始人，宋国人，曾担任宋国大夫。墨子最初学习儒学，后来不满儒学，创立了墨家学派，继而发展成为先秦时期的"显学"（指在社会上处于显赫地位的学科、学说或学派，反之称为"隐学"）。在当时的百家争鸣中，有"非儒即墨"之说。墨子提出"兼爱""非攻""尚贤""尚同""天志""明鬼""非乐""节用"等观点，其弟子根据墨子生平事迹与语录完成了《墨子》，该书成为传世之作。《墨经》则是战国后期墨家的著作，内容为今本《墨子》中的《经上》《经下》《经说上》《经说下》《大取》《小取》等6篇，主要探讨认识论、逻辑学和自然科学问题，是对先秦时期科学成就的重要总结与记录。

墨家学派 Mohist School

墨家学派是春秋战国时期主要学派之一，创始人为墨子。墨家学派是一个纪律严明的学术团体，成员到各国为官必须推行墨家主张，所得俸禄也要奉献给团体。墨家学派有前后期之分，前期思想主要涉及社会政治、伦理及认识论问题，后期则侧重于逻辑学乃至科学领域。墨家学派的主要观念为："兼爱"，人与人之间平等相爱；"非攻"，反对侵略战争；"天志"，掌握自然规律；"明鬼"，重视文化传承。这些观念既有历史价值，也有现实意义。

"兼爱"与"非攻" "Universal Love" and "Non-Aggression"

"兼爱"与"非攻"是墨家学派的重要思想观念。"兼爱"指大到国与国之间，小到人与人之间，都要"兼相爱、交相利"。"非攻"是由"兼爱"派生出来的，"兼爱"必须"非攻"，即反对攻伐。《墨子·天志》曰："大不攻小也，强不侮弱也，众不贼寡也，诈不欺愚也，贵不傲贱也，富不骄贫也，壮不夺老也。是以天下庶国，莫以水火、毒药、兵刃以相害也。"当然，"非攻"不等于非战，而是反对侵略战争，必要时可以进行自卫战争。只有"兼爱"才能做到"非攻"，只有"非攻"才能保证"兼爱"。

韩非子 Hanfeizi

韩非（约公元前280—前233），战国末期韩国人，思想家、哲学家、散文家，法家代表人物，"韩非子"是对韩非的尊称。韩非是法家学说的集大成者，著有《韩非子》一书，在先秦诸子散文中独树一帜。韩非的政治理想是建立一个统一的君主集权国家，以统一代替分裂，主张建立以"法"为中心的政治思想体系，认识论上注重唯物主义与实效思想。

法家学派 Legalist School

法家学派是以提倡法制为核心思想的重要学派，为战国时期诸子百家中的重要流派之一。法家提出"富国强兵""以法治国"的思想观念，其思想渊源可追溯到春秋时期的管仲、子产等人，而实际创始人为战国时期的商鞅、吴起等人。战国末期的韩非子是法家思想的集大成者，他在总结前人思想学说的基础上提倡法制，强调"不别亲疏，不殊贵贱，一断于法"，为后来建立中央集权的秦朝提供了有力的理论依据，汉朝继承秦朝的集权与法律体制，形成了中国封建社会的政治与法制主体。

孙子 Sun-tzu

孙子（公元前545—前470），姓孙名武，字长卿，春秋末期齐国人，军事家、政治家，被尊称为"兵圣"。孙子从齐国来到吴国，经吴国重臣伍子胥举荐，向吴王进呈所著《兵法》13篇，因而受到重用。作为将领，他曾率领吴国军队大败楚国军队，占领楚国都城郢城，几乎使楚国覆灭。孙子所著《孙子兵法》为历代兵家必读经典。

《孙子兵法》Sun-tzu's Art of War

《孙子兵法》又称《孙武兵法》，是中国现存最早的兵书，被誉为"兵学圣典"，为孙武所著。现存的《孙子兵法》共有13篇：计、作战、谋攻、形、势、虚实、军争、九变、行军、地形、九地、火攻、用间。从这些篇名就可以看出，孙子对兵法的论述是全面而系统的，包括战前准备、敌情判断、策略运用、作战部署等。他认为："兵者，国之大事，死生之地，存亡之道，不可不察也。"《孙子兵法》在中国乃至世界军事史和哲学思想史上都占有重要地位，并广泛运用于政治、经济、文化等领域。

《孙膑兵法》Sun Bin's Art of War

《孙膑兵法》由战国时期军事家孙膑所作，展现了战国时期重要的兵家思想。《孙膑兵法》首先阐述了战争是政治斗争工具的战争观，然后发展了孙武"任势"的军事理论，明确提出了"因势而利导之"的作战原则。该书还认为战争是瞬息万变的，强调了把握战机的重要性，认为要利用一切可以利用的条件，创造有利于我、不利于敌的态势，以争取战争的胜利。《孙膑兵法》是对战国时期战争实践的总结，是对《孙子兵法》的继承与发展，在中国军事思想史上占有重要地位。

邹衍与阴阳家 Zou Yan and the School of *Yin-Yang*

邹衍（约公元前305—前240），阴阳家代表人物，战国末期齐国人。他在继承古代"阴阳五行"说的基础上，提出"五行生胜"理论，进而提出"五德终始"说和"大九州"说。邹衍是稷下学宫（战国时期齐国的官办高等学府，始建于齐桓公田午时期）的著名学者，著有《邹子》一书。阴阳家是战国末期到汉代初期盛行的哲学流派，其学问被称为"阴阳"说，核心内容是"阴阳五行"。阴阳家将数术思想与"阴阳五行"学说结合起来，建构了宏大的宇宙图式，试图阐释自然现象的成因及变化法则，华夏民族的天文学、气象学、化学、算学、音律学和医药学都是在"阴阳五行"学说的基础上发展起来的。

风水 Geomantic Omen

风水源自《易经》的五类道术"山（仙）、医、命、卜、相"之一的"相"里的"相地"之术，即关于实地考察地理，进而选择宫殿、民居等建筑处所的一门学问。风水在中国历史悠久，至少可追溯到公元前4世纪，不同时代、不同地域的人对风水有着不同的看法，因此具体说法多种多样。

五行 the Five Elements

五行是中国古代哲学的一种系统观，一般指金、木、水、火、土，广泛应用于中医、风水、占卜等方面。关于五行的排序，按照相生（相互滋生和助长）的顺序是"木、火、土、金、水"，按照相克（相互抑制和损毁）的顺序是"水、火、金、木、土"。中国古代哲学家用五行理论来说明世界万物的形成，以及不同物质之间的相互关系，既强调整体性，又兼顾事物的运动形式及转化规律。

"五德终始"说 the Doctrine of Five-Virtue Circulation

"五德终始"说是战国时期阴阳家邹衍提出的一种学说。"五德"指五行（金、木、水、火、土）所代表的五种德性，"终始"指"五德"周而复始的循环运转，邹衍以此来解释历史变迁与王朝兴衰。邹衍说："五德之次，从所不胜，虞土、夏木、殷金、周火。"又说："代火者必将水。"他认为虞（舜）、夏、殷、周的历史是一个胜负转化的发展过程，按照土、木、金、火、水依次相胜，每一发展阶段都要进行两种势力的斗争。具体说来，虞属土德，夏属木德，木胜土，夏胜虞；金胜木，殷胜夏；周胜殷，火胜金；周属火德，胜周者应属水德，后来秦灭周统一天下，自认水德。

《周易》 Book of Changes

《周易》亦称《易经》，简称《易》，是儒家重要经典，六经之一。"易"有"变易"（事物变化）、"简易"（执简驭繁）、"不易"（永恒不变）三义。一般认为《周易》是周朝人所作，内容包括《经》与《传》两部分。《经》主要是64卦（占卜时象征自然现象和人事变化的一套符号）和384爻（组成卦的基本符号阳爻"—"和阴爻"--"），且卦和爻各有说明，即卦辞和爻辞，占卜时使用。《传》包含解释卦辞和爻辞的7种文辞，共10篇，统称《十翼》。《周易》通过八卦形式（象征天、地、雷、风、水、火、山、泽8种自然现象）推测自然和社会的变化，认为"阴""阳"两种势力是产生万物的根源，提出了"刚柔相推，变在其中"等朴素辩证法思想。

《易传》 Ten Wings

《易传》亦称《十翼》，是《周易》的组成部分，与"经"（作为思想、道德、行为等标准的书）不同，解释经典的书称为"传"。《易传》就是战国至秦汉之际儒家学者解释和发挥《周易》的文字汇编，旧传孔子作，其实出自孔子后学之手。《易传》分为《彖（tuàn）》上下、《象》上下、《文言》、《系辞》上下、《说卦》、《序卦》、《杂卦》。《易传》阐释了朴素辩证法思想，提出"穷则变，变则通"等著名论断，把"发展"理解为由矛盾趋向调和并不断循环往复的过程，并用所谓"天尊地卑"等观点论证社会等级制度的合理性。

八卦 Eight Trigrams

八卦指《周易》中占卜所用的8种基本图形，由阳爻"—"和阴爻

"--"两种符号组成，按照大自然的阴阳变化组成8种卦形，分别代表8种自然现象：乾（☰）代表天，坤（☷）代表地，震（☳）代表雷，巽（☴）代表风，坎（☵）代表水，离（☲）代表火，艮（☶）代表山，兑（☱）代表泽。《周易》认为，"乾"与"坤"两卦在八卦中占有特别重要的地位，是自然界和人类社会一切现象的最初根源。

名家 School of Logicians

名家是先秦时期的学派，代表人物是战国时期的惠施（约公元前370—约前310）与公孙龙（约公元前320—前250）。名家是以思维规律和名实关系为研究对象的哲学派别，汉代史学家司马谈在《论六家之要指》中将其与阴阳家、儒家、墨家、法家、道德家并列为"六家"。名家以擅长论辩著称，注重分析名词与概念的异同，同时注重阐释"名"与"实"的关系，是中国探究逻辑思想方面的先驱。

《公孙龙子》 Gongsun Longzi

《公孙龙子》为先秦时期名家代表人物公孙龙的著作，其中最重要的两篇是《白马论》和《坚白论》，公孙龙在两篇文章中分别提出了两个著名的诡辩论点——"白马非马"与"离坚白"，前者指白马不是通常说的马，后者指石头的"坚"与"白"不可并存，这是公孙龙名辩思想的核心内容。公孙龙主要研究概念的内涵和外延，以及事物的共性和个性所具有的内在矛盾，其特点就是夸大这种矛盾并否认二者的统一性，所以最后得出的往往都是违背常理的结论。

白马非马 When a White Horse Is Not a Horse

"白马非马"是战国时期名家代表人物公孙龙提出的一个著名的逻辑问题，出自《公孙龙子·白马论》。"白马非马"是一个诡辩论点，意思是"马"加上"白"的描述后就不再是马。这种诡辩运用了"是"的双重意思：常人理解白马"是"（属于）马的一种，但诡辩者曲解成白马"不是"（不等同于）马。这种逻辑现在常常用于做了不应做的事情之后进行狡辩。

03-02 汉代经学

经学 Study of Confucian Classics

经学指阐释儒家经典的学问，在汉代达到高峰。汉代经学有今文经学与古文经学之分：秦汉之际，儒家经典大都失去先秦旧本，今文经指由汉代经师用汉朝通行文字隶书写成的经书，古文经则指以先秦古文字写成的经书。今文经学认为六经皆孔子所作，主张通经致用，以董仲舒等为代表，最重《春秋公羊传》。古文经学则尊崇周公，偏重训诂（解释古书中字、词、句的意思），不关注现实社会，以刘歆等为代表，最重《周礼》。直至汉末，经学家马融、郑玄兼采今古文之说，经争辩、渗透与整合，初步实现了经学的统一。

董仲舒 Dong Zhongshu

董仲舒（公元前179—前104），广川（今河北景县）人，西汉哲学家、政治家。他提出的"罢黜百家，独尊儒术"主张被汉武帝采纳，此后，儒学成为中国封建社会正统思想，影响长达2000多年。董仲舒的学说以儒家宗法思想为中心，包含了"阴阳五行"说，把神权、君权、父权、夫权贯穿在一起，形成封建神学体系。该体系的中心是"天人感应"说，认为上天会用祥瑞或灾异的征兆，对人世间的统治者表达希望或谴责，假借天意把封建统治秩序神圣化，构建起"君权神授"的理论。

三纲五常 Three Cardinal Guides and Five Constant Virtues

"三纲五常"是儒家重要的伦理思想，也是中国宗法社会的基本道德原则与规范。"三纲"指封建社会中3种主要的道德关系，东汉儒家经典《白虎通》曰："三纲者，何谓也？谓君臣、父子、夫妇也。"唐朝经学家孔颖达疏引《礼纬·含文嘉》曰："君为臣纲，父为子纲，夫为妻纲。""纲"原是指提网的总绳，这里指居于主要或支配地位。西汉思想家董仲舒在《举贤良对策一》中说："夫仁、谊（义）、礼、知（智）、信五常之道，王者所当修饬也。"修饬"的意思是约束言行，使之合乎礼义。儒家用"三纲五常"来维护社会伦理道德与政治制度，在漫长的封建社会中起到了极为重要的作用。

《孝经》The Book of Filial Piety

《孝经》是儒家的伦理著作，传说为孔子所作，实为孔子后学所作，成书于秦汉之际。《孝经》以"孝"为中心，论述了封建孝道，宣扬了宗法思想，认为"孝"是诸德之本，"夫孝，天之经也，地之义也，人之行也"，"人之行，莫大于孝"。《孝经》对实行"孝"的要求和方法进行了系统而详尽的规定，首次将"孝"与"忠"联系起来，认为"忠"是"孝"的发展和扩大，国君可以用"孝"治理国家，臣民应该用"孝"立身持家。

郑玄 Zheng Xuan

郑玄（127—200），字康成，北海高密（今山东高密）人，东汉末年经学大师，是汉代经学的集大成者，治学以古文经学为主，兼采今文经学，其学说在当时与后世均影响很大，被称为"郑学"。郑玄遍注群经，如《周易》《尚书》《毛诗》《礼记》《周礼》《论语》等。他运用训诂、校勘、考据等方法创设条例，自成家法，对各家的经传和解说兼收并蓄，择善而从。著作主要有《驳五经异义》《六艺论》等。郑玄使经学进入了一个相对统一的时代，魏晋南北朝时期的儒学大体上是在郑学的基础上继续发展的。

03-03 魏晋玄学

何晏 He Yan

何晏（约190—249），字平叔，南阳宛县（今河南南阳）人，三国时期曹魏大臣、玄学家。何晏著有《论语集解》《道德论》等著作，为魏晋玄学代表人物之一。他认为："天地万物以无为本。无也者，开物成务，无往而不存者也。"他还认为"无"能够创造一切,"无"是最根本的,"有"靠"无"才能存在,由此建立起"以无为本"和"贵无"而"贱有"的唯心主义本体论学说。

名教与自然 Confucian Ethical Code and Nature

"名教"与"自然"是魏晋玄学中的一对范畴。"名教"指以"正名分、定尊卑"为主要内容的封建礼教和道德规范;"自然"则主要指人的自然本性和自然情感。名教和自然观念产生于先秦:孔子主张正名,强调礼治;老子主张天道自然,提倡无为。孔子、老子被后世看作"贵名教"与"明自然"的宗师。思想家对名教、自然及这二者关系的认识有一个发展过程,魏晋时期,思想家的哲学倾向和政治见解不同,名教与自然的关系也成为一个争论焦点。

王弼 Wang Bi

王弼(226—249),字辅嗣,山阳(今河南焦作)人,三国时曹魏玄学家、哲学家,魏晋玄学创始人之一,作品主要有解读《老子》的《老子注》与《老子指略例》,解读《周易》的《周易注》与《周易略例》。王弼以老庄思想为中心建立起玄学体系,认为"无"是宇宙万物的本体,对"道"进行了唯心主义解释,从"凡有皆始于无"阐释"名教"(有)出于"自然"(无),并"援老入儒",即引入道家老子"清静无为"的思想来完善儒家理论,为封建伦理纲常辩护,以新的玄学来代替当时逐渐失势的汉儒经学。

得意忘象 Meaning Grasped and Imageries Forgotten

"得意忘象"可以溯源至《庄子》。王弼在《周易略例·明象》中对《庄子》"得意而忘言"的论点做了进一步发挥,提出"得意而忘象",意思是只取其精神而忽略其形式。王弼对"言能否尽意"的争辩,持具体问题具体分析的辩证态度,他不是简单地回答"能"或"不能",而认为就具体卦象而言,"言"借助于"象"能够"尽意",但在名言能否把握形上本体方面，则主张"言不尽意"。王弼的见解在《庄子》与《易传》的基础上把中国古代哲学对于言意关系的辨析向前推进了一步。

向秀与郭象 Xiang Xiu and Guo Xiang

向秀（约227—272）是曹魏至西晋时期玄学家与文学家，"竹林七贤"之一。"竹林七贤"指三国魏正始年间（240—249）的嵇康、阮籍、山涛、向秀、刘伶、王戎、阮咸等7人，他们因常在竹林之中饮酒、弹琴、放歌而得此名。向秀喜好庄子之学，晚年作《庄子注》，但尚未完成便去世了，后来西晋玄学家郭象（252—312）以之为基础，完成了这部著作。《庄子注》深入发掘了庄子哲学，在世界如何生成和存在的问题上提出了"独化"这一范畴，即万物都是自生自灭的，没有造物者，也不依赖造物者而存在，既不能"无中生有"，也不能"有中生无"。

03-04 宋明理学

宋明理学 Neo-Confucianism

宋明理学是受道家和佛教影响而发展起来的"新儒学"，在继承孔孟正统思想的基础上融会道教的"宇宙自然"和佛教的"人生命运"等重要观念，在宋明时期占主导地位。宋明理学大致分为"程朱理学"和"陆王心学"两个阶段：程朱理学由北宋程颢（hào）、程颐（yí）两兄弟创立，南宋朱熹集大成，其核心是"天理"说和"格物致知"论；陆王心学由南宋陆九渊创立，明代王阳明进一步发展，其核心是"心即理""心外无物，心外无理""知行合一"。程朱理学在南宋以后成为长期居于统治地位的官方哲学，陆王心学在明中期以后得到广泛传播。

周敦颐 Zhou Dunyi

周敦颐（1017—1073），字茂叔，道州营道（今湖南道县）人，北宋理学家，理学开山鼻祖，传世名篇有《太极图说》《爱莲说》等，与邵雍、张载、程颢、程颐等人并称"北宋五子"。周敦颐继承《易传》与道家思想，提出了一个简单而又系统的宇宙构成论，认为"无极而太极"，"太极"一动一静，产生阴阳万物。圣人又模仿"太极"建立"人极"，"人极"即"诚"，"诚"是"纯粹至善"的"五常之本，百行之源也"，是道德的最高境界。所以他在《太极图说》中提到："万物生生，而变化无穷焉，惟人也，得其秀而最灵。"

太极图 Taiji Symbot

太极图是一幅状如阴阳两鱼结合在一起的图像，也称"阴阳鱼太极图"，早期还被称为"先天图"。一般认为太极图是从宋初陈抟（tuán）那里传下来的，最后传到邵雍手里。阴阳鱼太极图的思想渊源可追溯到原始时代的阴阳观念，有学者指出，现存文献中最早的一幅阴阳鱼太极图出自南宋张行成的《翼玄》，据传该图定型于明末赵仲全。太极图有"中华第一图"之称，从孔庙大成殿到老子楼观台，从中医招牌到武林徽标等，几乎随处可见。

邵雍 Shao Yong

邵雍（1011—1077），字尧夫，祖籍范阳（今河北涿州）人，北宋理学家，他少年时刻苦读书并游历天下，著有《皇极经世》《渔樵问对》等。《皇极经世》是一部运用易理和易数推究宇宙起源、自然演化和社会变迁的著作，以研究河图洛书彰显于世。河图洛书是古代传说中的天赐神图。《易·系辞上》："河出图，洛出书，圣人则之。"传说伏羲氏时，有龙马从黄河出现，背负"河图"；有神龟从洛水出现，背负"洛书"。伏羲根据该"图""书"画成八卦，就是后来《周易》的来源。《渔樵问对》论述了天地万物、阴阳化育、生命道德的奥妙与哲理，通过"樵子问、渔父答"的方式将天地、万物、人事、社会归之于易理并加以诠释，目的是让人们明白"天地之道备于人，万物之道备于身，众妙之道备于神，天下之能事毕矣"的道理。

张载 Zhang Zai

张载（1020—1077），字子厚，凤翔郿（méi）县（今陕西眉县）人，北宋理学家，理学创始人之一，著作有《正蒙》《易说》《经学理窟》等。张载曾在关中讲学，所以他所开创的学派被称为"关学"。张载重点探究了天道的性质和运行规律，提出了许多重要的哲学命题，如"太和之道""太虚即气""一物两体""心统性情"等。在人性论上，他认为"太虚"和"阴阳"二气表现在人身上就是天地之性和气质之性。另外，他以"为天地立心，为生民立命，为往圣继绝学，为万世开太平"的志愿，从不同方面论证了理学的重要问题，对理学发展产生了重要的影响。

二程 Cheng Brothers

程颢（1032—1085），字伯淳，又称"明道先生"。程颐（1033—1107），字正叔，又称"伊川先生"。程颢和程颐是同胞兄弟，同为宋朝理学家，合称"二程"。二人都曾师从儒家理学思想鼻祖周敦颐，被认为是北宋理学的实际开创者。他们的学说以"理"为最高范畴，因此称作"理学"。二程的学说，特别是其核心观点"存天理，去人欲"后来被朱熹所继承和发展，世称"程朱学派"。二程在学说主旨上是一致的，但其具体阐释与个人性情却有较大差别，清代经学家黄宗羲在《宋元学案》中指出，大程（程颢）德行宽宏，气度广大；小程（程颐）气质方刚，文理密察。二程的理学思想主要见于《遗书》《文集》《经说》等，均收入《二程全书》中。

朱熹 Zhu Xi

朱熹（1130—1200），字元晦，世称"朱文公"，徽州婺（wù）源（今江西婺源）人，南宋理学家、教育家，儒学集大成者，世人尊称其为"朱子"。他总结了以往的儒家思想，尤其是宋代理学思想，建立起庞大的理学体系，著作主要有《四书章句集注》《周易本义》等。朱熹在哲学上发展了二程（程颢、程颐）关于理气关系的学说，认为"理"和"气"不能相离，"天下未有无理之气，亦未有无气之理"，但又称"理在先，气在后"。他主张"理"依"气"而"生物",并从"气"展开了一分为二、动静不息的"生物"运动;他主张格物致知(推究事物的原理而获得知识),知先行后,行重知轻;他还强调"天理"和"人欲"的对立,主张"存天理,灭人欲",要求人们放弃私欲,服从天理。理学在元、明、清三代一直是统治集团认可的正统思想。元皇庆二年(1313)恢复科举考试,以朱熹集注的《四书》为指定用书,朱学成为巩固封建社会统治秩序的精神支柱。

《朱子语类》Classified Dialogues of Master Zhu

《朱子语类》是朱熹讲学的语录,共140卷。朱熹从事教育50余年,认为"为学之道,莫先于穷理;穷理之要,必在于读书;读书之法,莫贵于循序而致精;而致精之本,则又在于居敬而持志"。《朱子语类》主要论述了以下问题:第一,"理气""性理""鬼神"等世界本原问题,以"太极""理"为天地之始;第二,心性情意、仁义礼智等伦理道德问题;第三,知行、读书、为学等认识方法。《朱子语类》内容涉及自然科学、社会科学等诸多方面,集中阐释了朱熹的思想。

四书五经 Four Books and Five Classics

"四书五经"泛指儒家经典。"四书"指《大学》《中庸》《论语》《孟子》,名称始于朱熹的《四书章句集注》;"五经"指《诗经》《尚书》《礼记》《周易》《春秋》,名称始于汉朝。《礼记》是秦汉以前各种礼仪论著的选集。《春秋》相传为孔子根据鲁国史官所编历史修订而成的编年体史书,汉代出现多部解释《春秋》的著作,流传至今的有《左传》《公羊传》《穀(gǔ)梁传》。

《中庸》Doctrine of the Mean

《中庸》是儒家经典之一,原为《礼记》第31篇,约在战国末期至西汉之间撰写,作者尚无定论,一说是孔子之孙孔伋(jí),一说是秦汉学者。宋代儒学家非常推崇《中庸》,将其从《礼记》中抽出来独立成书,朱熹又将其与《论语》《孟子》《大学》合编为"四书"。中庸为儒家的道德标准，指待人接物要保持中正平和，因时制宜、因地制宜、因物制宜、因事制宜。儒家这一理论源于人性，语出《论语·雍也》："中庸之为德也，其至矣乎。"这句话的意思是，做事守中、不偏不倚的品德，应该是最高的境界。

《大学》Daxue

《大学》是儒家经典之一，原为西汉礼学家戴圣所编《小戴礼记》第42篇，相传是春秋末年思想家曾子所作，但由秦汉儒家撰写的可能性更大。《大学》的主题是修身治国，提出了著名的"三纲领"与"八条目"。"三纲领"指明明德（弘扬内心善良光明的德性）、亲民、止于至善；"八条目"指格物（探究万物的规律）、致知（达到完善的理解）、诚意、正心、修身、齐家、治国、平天下。儒家特别强调"修己"是"治人"的前提，目的是治国平天下，说明了提高个人道德修养与治国平天下的一致性。

十三经 Thirteen Classics

"十三经"指儒家最重要的十三部经典，分别为《诗经》《尚书》《周礼》《仪礼》《礼记》《易经》《左传》《公羊传》《穀梁传》《论语》《尔雅》《孝经》《孟子》。十三经的形成过程是：汉代立《诗经》《尚书》《易经》《礼记》《春秋》为"五经"；唐代以《周礼》《仪礼》《左传》《公羊传》《穀梁传》《孝经》《论语》《尔雅》《诗经》《尚书》《周易》《礼记》为"十二经"；宋代增《孟子》，成"十三经"。

王阳明 Wang Yangming

王阳明（1472—1529），即王守仁，字伯安，世称"阳明先生"，后世尊称王阳明，浙江余姚人，明代哲学家、教育家、心学集大成者。王阳明的学说是明代影响最大的哲学思想，弟子众多，世称"阳明学派"，其著作收入《王文成公全书》。阳明学派的中心学说是心学，王阳明继承了南宋哲学家陆九渊"心即理"的思想，断言"夫万事万物之理不外于吾心"，认为"心"才是世界万物的本原，"心外无理""心外无事""心外无物"；

反对程朱理学通过事物追求"至理"的格物致知的方法，提倡"致良知"，即从自己的内心寻找"理"，因为"理"全在人"心"，"理"化生宇宙天地万物，人秉其秀气，人心自然秉其精要。之后，王阳明进一步提出了"知行合一"（认识和行动是统一的）的观点。

03-05 清代哲学

黄宗羲 Huang Zongxi

黄宗羲（1610—1695），字太冲，号南雷，世称"梨洲先生"，浙江余姚人，明末清初哲学家、史学家、地理学家、天文学家。黄宗羲在哲学上反对宋儒"理在气先"的说法，认为"理"不是实体，只是"气"中的条理和秩序，并提出"天下为主，君为客"的民主思想，主张以"天下之法"取代皇帝的"一家之法"。他曾说："天下之治乱，不在一姓之兴亡，而在万民之忧乐。"黄宗羲学问精深，著述颇丰，主要有《明儒学案》《宋元学案》《明夷待访录》等。黄宗羲被誉为"中国思想启蒙之父"，与顾炎武、王夫之并称"明末清初三大思想家"。

《宋元学案》Song-Yuan Xue'an

《宋元学案》最初由明末清初哲学家黄宗羲及其子黄百家、弟子全祖望撰写，后多代子孙与弟子不断续作与补述，至光绪五年（1879），清代学者张汝霖再次主导编纂，成100卷本。《宋元学案》从草创到成书历经200余年，将宋元两代学术思想按不同派别进行了系统的总结，每个学案先做一表，列举师友弟子以说明学术渊源，然后叙述其生平、著作、思想，最后附有逸事及后人评论。收录范围广泛，史料考证精当，且能够在一定程度上打破门户之见，较为实事求是地阐述各家宗旨，是研究宋元时期学术思想的重要资料。

《明儒学案》Mingru Xue'an

《明儒学案》是明末清初哲学家黄宗羲的著作，成书于清康熙十五年（1676）。该书根据明代学者的文集和语录分析宗派，立为19个学案，初期以吴与弼（bì）等为主，中期以王守仁等为主，末期以顾宪成等为主，共叙述学者200余人。全书首列《师说》作为总纲，每个学案前列案序，介绍该学派渊源、代表人物及学术宗旨等，然后是学者小传，小传之后是语录，对各人生平、著作、思想及学术传授都有简要的记录。《明儒学案》是中国最早的成系统的学术思想史专著。

顾炎武 Gu Yanwu

顾炎武（1613—1682），江苏昆山人，因其居所旁有亭林湖，被人们尊称为"亭林先生"，是明末清初哲学家、史地学家和音韵学家，与黄宗羲、王夫之并称为"明末清初三大思想家"。顾炎武一生秉持"行万里路，读万卷书"的态度，创立了新的治学方法，对国家典制、郡邑掌故、天文仪象、经史百家、音韵训诂等都有深入研究，是继往开来的一代宗师。他在哲学上赞成张载关于"太虚""气""万物"三者统一的学说，承认"气"是宇宙的实体，反对空谈"心、理、性、命"，提倡"经世致用"的实际学问。顾炎武的著作主要有《日知录》《天下郡国利病书》等。

王夫之 Wang Fuzhi

王夫之（1619—1692），字而农，号姜斋，湖南衡阳人，明末清初哲学家，与顾炎武、黄宗羲并称"明末清初三大思想家"。王夫之自幼跟随父兄读书，青年时期参加反清起义，晚年隐居石船山著书立说，世称"船山先生"，著作主要有《周易外传》《尚书引义》《永历实录》《春秋世论》《读通鉴论》等。王夫之的哲学思想非常丰富，对程朱理学"存天理，灭人欲"的观点提出批评，提倡不能离开人欲空谈天理，天理即在人欲之中。同时，与其他哲学家进行了"心物"（知行）之辩，反对"生而知之"的先验论，认为深入世界万物中去探寻事物的规律才是认识世界的正确途径。

经世致用 Humanistic Pragmatism

"经世致用"是明末清初三大思想家黄宗羲、顾炎武、王夫之提出的治学观念，指研究学问必须有益于国事，应以治事、救世为要，反对不切实际的空虚之学，对后世影响很大。更进一步说，"经世致用"就是倡导学者关注社会现实，并用所研究的学问解决实际的社会问题，以达到国泰民安的目的。这一思想体现了中国传统学者求实、务实的思想特点，以及"以天下为己任"的情怀。

朴学 Textual Study of the Chinese Classics of Qing Dynasty

"朴学"初见于《汉书·儒林传》，指质朴之学，后世一般指汉代经学中的古文经学派。汉儒治经注重名物训诂考据，故有此称。朴学到清朝乾隆嘉庆时期达到全盛，因此也特指"乾嘉学派"，或称"清代朴学"。具体说来，朴学是一种治学方法，主要指对古籍进行整理、校勘、注疏、辑佚等，讲求"实事求是""无证不信"。研究范围以经学为中心，并涉及传统语文学、史学、天算、水地等方面内容。清代朴学发展迅速，全盛时期代表人物有戴震、段玉裁、章学诚等。

戴震 Dai Zhen

戴震（1724—1777），字东原，安徽休宁人，清代语言文字学家、哲学家、思想家。戴震治学广博，音韵、文字、算学、天文、地理无所不精，擅长阐明义理，反对理学家"存天理，灭人欲"的观点。他在哲学上肯定世界是"气"的变化过程，认为"气化流行，生生不息"就是"道"或"理"。同时，他在自然科学方面能够融会西学，在算学与天文学方面做出了杰出贡献。戴震的思想对晚清以来的学术思潮产生了深远的影响，梁启超称之为"前清学者第一人"，胡适称之为"中国近代科学界的先驱者"。

04 宗教

中国是一个多种宗教并存的国家，在漫长的历史发展过程中逐步形成了以道教、佛教、伊斯兰教、基督教（包括天主教、东正教、新教三大教派和一些较小派别）为主体，兼有少数其他宗教和多种民间信仰的基本格局。道教是中国本土宗教，形成于东汉末年，以"道"为最高信仰，以中国古代道家思想为理论根据，教职人员是道士，活动场所为宫观。佛教在两汉之际传入中国，经过长期发展逐渐本土化，由于传入时间、途径、地区的不同形成了三大系：汉传佛教、藏传佛教、南传上座部佛教。伊斯兰教在唐朝时传入中国，以《古兰经》为教义，主要在回族、维吾尔族、哈萨克族等少数民族中传布。基督教各派别传入中国的时间不一，大多都在唐朝以后，如基督教聂斯脱利派曾于唐初传入中国，称为"景教"；而天主教于元代传入中国，中断一个时期后，又于明代末年再度传入中国。

给学生介绍中国的宗教情况，建议：首先，要考虑宗教文化的庄严性，应当以互相尊重为原则，如谈及宗教人物、宗教事件时必须注意态度与措辞；其次，要与中国的国情相结合，一种宗教进入一个国家，并在这个国家得以生存和发展，必然会受到这个国家历史与文化的影响，如佛教在中国世俗化；最后，还应让学生进行一些实地考察，使他们有一些直观的了解与感受，如参观佛教的寺庙、道教的宫观、伊斯兰教的清真寺、基督教的教堂等。

04-01 佛教

佛教 Buddhism

佛教与基督教、伊斯兰教并称"世界三大宗教",相传公元前6—前5世纪由古印度迦毗罗卫国（今尼泊尔南部）释迦族的悉达多·乔答摩创立。悉达多·乔答摩被尊称为"释迦牟尼",即释迦族圣者,也被尊称为"佛陀",即觉悟者。佛教在两汉之际传入中国,魏晋南北朝时佛经的翻译与研究逐渐兴盛,至隋唐产生了天台、华严、唯识、禅宗、净土、密宗等本土化宗派,佛教思想对中国哲学、文学、艺术等都产生了重要影响。

禅宗 Chan Buddhism

禅宗是中国佛教宗派之一,南朝宋末由天竺（今印度）高僧菩提达摩创立,至第五世弘忍门下,分为北方神秀的"渐悟"说和南方慧能的"顿悟"说两宗。"渐悟"指须经长期修习才能达到对佛教真理的觉悟;"顿悟"指无须烦琐仪式和长期修习,一旦把握佛教真理,即可突然觉悟。后世南宗"顿悟"说盛行,主张不立文字,教外别传,直指人心,见性成佛。《六祖坛经》是禅宗的重要典籍,由"顿悟"说祖师慧能述说,弟子法海等人集录。《六祖坛经》记载了慧能一生得法、传法的事迹及启导门徒的言论,其中心思想是"见性成佛""即心即佛"的佛性论和"顿悟见性"的修行观。

天台宗 Tiantai Sect of Buddhism

天台宗是中国佛教宗派之一,因创始人住在浙江天台山而得名,其教义的主要依据是《妙法莲华经》(即《法华经》),故也称"法华宗"。天台宗是中国佛教最早创立的一个宗派,对南北各家义学和禅观之说加以整理并发展为一家之言,得到当时朝廷和民间的支持和信奉,对隋唐以后创立的各个宗派有很大影响。元明以后该宗学者往往兼倡净土,形成"教在天台,行归净土"之风。天台宗在汉族地区几经兴衰,延续至今而不绝。

净土宗 Pure Land Buddhism

净土宗是中国佛教宗派之一。以东晋慧远为初祖，实际创宗者为唐代善导。净土宗对中国佛教影响深远，不仅在中国本土盛行，也流传于日本、韩国、越南等国家，至今不衰。

藏传佛教 Tibetan Buddhism

藏传佛教俗称"喇嘛教"，是传入西藏的佛教分支。藏传佛教是大乘佛教与小乘佛教兼学，传承方式最具特色的是活佛转世制度。2007年9月1日起，《藏经佛教活佛转世管理办法》施行，这是在充分尊重藏传佛教活佛传承继位方式的基础上制定的，是中国政府依法保护公民宗教信仰自由的重要举措。

达赖 Dalai Lama

达赖全称为"达赖喇嘛"。"达赖"为蒙古语音译，意为"大海"；"喇嘛"为藏语音译，意为"上师"。明万历六年（1578），土默特蒙古俺答汗尊格鲁派领袖人物索南嘉措为达赖喇嘛（即达赖三世，前二世是追认的）。清顺治十年（1653），中央政府正式册封达赖五世阿旺罗桑嘉措为达赖喇嘛。此后历世达赖喇嘛转世确认，必经中央政府册封批准，成为定制。

班禅 Panchen Lama

班禅全称为"班禅额尔德尼"。"班"为梵语的省略音译，意为"精通五明的学者"；"禅"为藏语音译，意为"大"；"额尔德尼"为满语音译，意为"宝"。1645年，和硕特蒙古固始汗尊格鲁派领袖人物罗桑确吉坚赞为班禅（即班禅四世，前三世是追认的）。1713年，清朝中央政府正式册封班禅五世罗桑意希为班禅额尔德尼，正式确认班禅在藏传佛教中的重要地位。此后历世班禅转世确认，必经中央政府册封批准，成为定制。

四大石窟 Four Grottoes

四大石窟指中国佛教传播史上著名的4座石窟，即甘肃敦煌的莫高窟、河南洛阳的龙门石窟、山西大同的云冈石窟、甘肃天水的麦积山石窟。相传莫高窟始建于前秦建元二年（366），现存有壁画和雕塑作品的洞窟492个、彩塑像3000余身、壁画4.5万多平方米；龙门石窟始建于南北朝北魏太和十八年（494），现存石窟1352个、龛785个、造像9.7万余尊、题记3680种；云冈石窟中主要的石窟都完成于北魏迁都之前，约自和平元年（460）至太和十八年（494），现存洞窟53个、造像5.1万余尊；麦积山石窟开凿于十六国晚期，现存洞窟194个、各种造像7000余尊。1987—2014年，四大石窟先后被联合国教科文组织列入《世界遗产名录》。

大足石刻 Dazu Rock Carvings

大足石刻是重庆市大足区佛教、儒教、道教等宗教造像所形成的石窟艺术的统称，有摩崖（把文字或图画直接刻在山崖上）造像100多处、雕像5万余尊、铭文10万余字。大足石刻以北山、宝顶山的摩崖造像最为出色，北山造像依岩而建，窟龛众多，是公元9世纪末至13世纪中叶石窟艺术的丰碑。宝顶山大佛湾造像长达500米，气势磅礴，雄伟壮观，是罕见的大型石窟密宗（佛教的一个宗派）道场。

04-02 道教

道教 Taoism

道教是中国本土宗教，以"道"为最高信仰，以中国古代道家思想为理论根据，在鬼神崇拜观念基础上承袭战国以来的神仙方术发展而成，到汉朝后期有教团产生，至南北朝宗教形式逐渐完善。太上老君是公认的道教始祖。道教的经典是《抱朴子》《太上感应篇》等，教职人员是道士，活动场所为宫观。

三清 Three Pure Ones

"三清"指道教的玉清、上清、太清三清胜境，也指居于三清仙境的三位尊神，即玉清元始天尊、上清灵宝天尊、太清道德天尊。"天尊"的意思是至尊至极，是道教对所奉天神中最高贵者的尊称。"三清"是老子《道德经》里面的"道生一，一生二，二生三，三生万物"思想的体现。

辟谷 Refrain from Eating Grain

"辟谷"是古人常用的一种养生方式，源自道家的"不食五谷"。关于"辟谷"，最早的记载出自《庄子·逍遥游》："藐姑射之山，有神人居焉。肌肤若冰雪，淖约若处子，不食五谷，吸风饮露，乘云气，御飞龙，而游乎四海之外。"作为一种延年益寿的养生方法，辟谷在很多古书里都有记载。传统的辟谷分为服气辟谷和服药辟谷两种形式，前者是通过不吃任何食物、调整呼吸的方式来进行，后者则是在不吃主食（五谷）的基础上摄入其他辅食（坚果、中草药等）对身体机能进行调节。辟谷的疾病针对性、效用机理、针对不同疾病或应用于养生的操作规范等尚处于经验探索阶段。

陶弘景 Tao Hongjing

陶弘景（456—536），字通明，号华阳隐居，丹阳秣陵（今江苏南京）人，南朝齐梁时的道教理论家。他历经宋、齐、梁三朝，开道教茅山派，主张道、儒、释合流，并进一步整理道教经书，著述主要有《真灵位业图》《本草经集注》等。《真灵位业图》是第一部比较完整而系统的道教神谱。《本草经集注》首创按药物自然属性分类的方法，对药物的形态、产地、采制、剂量、真伪等做了较为详尽的论述，初步确立了综合性本草著作的编写模式，唐代的《新修本草》就是在此书基础上补充修订而成的。

《太上感应篇》 Tractate of the Most High One on Actions and Consequences

《太上感应篇》为道教经典，作者不详，约成书于北宋末年南宋初年。从书名来解释，"太上"是指道教至尊太上老君，"感应篇"是指劝人行善之书。《太上感应篇》被誉为"古今第一善书"，古代上至朝廷下至民间，刊印传播者众多，明清时期达到高峰，书中的许多内容至今仍有积极意义。

正一道 Orthdox Unity Taoism

正一道又称"天师道",原为五斗米道,是道教最早的一个派别,东汉顺帝时由张道陵在蜀郡鹤鸣山(今四川成都)创立。据《后汉书》与《三国志》记载,凡入道者须出五斗米,故得"五斗米道"之名。张道陵创立道教后著有《老子想尔注》,为道教的发展打下了基础。后来张道陵之子张衡承袭道教并发扬光大。张衡之子张鲁又改革了教团,魏武帝曹操(155—220)拜其为镇南将军后,他开始向北方传播道教。张鲁之子张盛又将传教的地区从青城山迁至龙虎山,至此道教也开始向东南地区发展。可以说,正一道的创立和发展与张道陵、张衡、张鲁、张盛祖孙四代有着密切的联系。

上清派 Shang-Ch'ing Sect of Taoism

上清派是道教派别之一,奉魏华存(252—334)为祖师,奉元始天王(后改称元始天尊)、太上道君等神灵。上清派的重要经典有《上清经》和《黄庭经》。《黄庭经》是道家养生修炼原理讲解的专著,内容包括《上清黄庭外景经》和《上清黄庭内景经》,为历代道教徒及修身养性之士所重视。

灵宝派 Lingbao Sect of Taoism

灵宝派是道教派别之一,因信奉和传承《灵宝经》而得名,奉元始天尊、太上道君、太上老君为最高神。灵宝派始创于东晋末年,假托葛玄(164—244)为开派祖师,活跃于江南一带,祖山为阁(gé)皂山,因此灵宝派也被称为"葛家道"或"阁皂宗"。"灵宝"一词最早见于道教经典《太平经》,原为神灵宝贵之意。东晋末年葛玄曾孙葛巢甫造构了《灵宝经》,南朝宋著名道士陆修静又进行了增修,使其大行于世。

葛洪 Ge Hong

葛洪(约281—341),字稚川,自号抱朴子,东晋时期道教理论家和医药学家,继承并发展了道教理论,代表作为《抱朴子》。葛洪还精通医学和药物学，主张道士兼修医术，认为"古之初为道者，莫不兼修医术，以救近祸焉"。葛洪的理论对后世有着深远的影响。

寇谦之 Kou Qianzhi

寇谦之（365—448），字辅真，上谷昌平（今属北京）人，少年时信奉正一道，南北朝新天师道（也称"北天师道"）的改革者与代表人物。北魏太武帝始光元年（424），寇谦之向太武帝献道书，倡导改革道教，建立诵戒新法。寇谦之对早期道教的教义和制度进行了全面的改革，吸取儒家"五常"（父义、母慈、兄友、弟恭、子孝）观念，以及儒家与佛教的礼仪规戒，建立了比较完整的道教教义与斋戒仪式，并改革道官职位的世袭制度，主张任命有德行的、有才能的人。寇谦之著有《云中音诵新科之戒》，是目前所能见到的关于道教经韵音乐最早的文字记载。

全真教 Quanzhen Taoism

全真教也称"全真道"，是道教最重要的宗派之一，始创于金代初年，创始人为王重阳（1112—1170）。王重阳早年应武举，为小吏，后辞官修道，隐居终南山，招收了马钰、谭处端、刘处玄、丘处机、王处一、郝大通、孙不二等七大弟子，号称"全真七子"。全真教以经书《道德经》《孝经》《般若心经》为首要经文，尤以融合本土老庄化的禅宗理论最为突出。

丘处机 Qiu Chuji

丘处机（1148—1227），亦作"邱处机"。金道士，道教全真道北七真之一。字通密，号长春子，登州栖霞（今属山东）人。19岁时在宁海拜道教全真道创始人王重阳为师。后潜修于龙门山，形成龙门派。成吉思汗召见于雪山，尊为神仙，爵"大宗师"，总领道教。著作有《摄生消息论》《大丹直指》等。

道藏 Taoist Canon

"道藏"为道教书籍总称，是按照一定的编纂意图、收集范围和组织结构编辑而成的道教丛书。道教典籍的渊源可追溯到道教正式创立之前。东汉班固《汉书·艺文志》记载的先秦至西汉的道家和神仙家著作以及与道教相关的其他各家著作数量众多，但只留传下来少数经典，如《老子》《列子》《庄子》《淮南子》《墨子》《黄帝内经》。这些典籍后来都被当作道教经典收入"道藏"，在道家比较兴盛的汉、唐、宋、金、元、明六朝，陆续有各类道教书籍被收入"道藏"。

道教四大名山 Four Sacred Mountains of Taoism

中国道教四大名山为四川青城山、江西龙虎山、安徽齐云山、湖北武当山。青城山供奉道德天尊，道教创始人张道陵曾在青城山传道；龙虎山供奉降魔护道天尊，道教创始人张道陵曾在此炼丹，仙丹炼成后，山中出现了龙虎，因此得名龙虎山；齐云山供奉广援普度天尊，宋代宝庆二年（1226）建佑圣真武祠，成为道教中心；武当山供奉真武大帝，有明成祖为纪念武当派创始人张三丰下令修建的遇真宫，是武当武术的发源地。道教四大名山自东汉开始建观修道场，延续至清朝末年，现已成为驰名中外的道教圣地。

白云观 Baiyun Taoist Temple

白云观是北京最大的道观，位于北京西便门外，创建于唐代开元二十七年（739），后几经焚毁，现存建筑主要是明清时期重建的。道观由层层递进的四合院组成，主要殿宇位于中轴线上，包括山门、灵官殿、玉皇殿、老律堂、邱祖殿、四御殿等。四御殿是二层建筑，上层名为"三清阁"，三清阁供奉着道教最高尊神玉清原始天尊、上清灵宝天尊、太清道德天尊。后花园名"云集园"，环境幽雅清静，是讲经说法的好地方。

04-03 伊斯兰教

伊斯兰教 Islam

伊斯兰教与基督教、佛教并称"世界三大宗教"。7世纪初，麦加人穆罕默德（约570—632）在阿拉伯半岛创立了伊斯兰教。信奉伊斯兰教的人统称为"穆斯林"。伊斯兰教以《古兰经》为经典，7世纪中叶传入中国，在回族、维吾尔族、哈萨克族等民族中传布。

清真寺 Mosque

清真寺也称"礼拜寺"，属伊斯兰教建筑，是穆斯林进行各种宗教活动的场所。在中国，唐宋时期的清真寺基本用砖石建造，多为阿拉伯风格建筑。元代的清真寺在外观上基本保留了阿拉伯建筑形式，但已采用中国传统建筑布局与砖木结构体系，形成中阿混合形制。明清时期的清真寺建筑受中国传统建筑影响很大，整体结构除礼拜大殿和宣礼塔外，多为传统的殿宇式建筑，颇具中国古典建筑特色。

开斋节 Eid al-Fitr

开斋节是一个规模盛大、礼仪隆重的伊斯兰教节日，时间一般在伊斯兰教历10月1日。开斋节一般为期3天，在节日期间，穆斯林去清真寺做礼拜，亲朋好友相互登门道贺，青年男女也有可能选择在此时举行婚礼，为节日增添喜庆气氛。在中国，开斋节是回族、维吾尔族、哈萨克族、乌孜别克族、塔吉克族等少数民族中穆斯林的传统节日。

古尔邦节 Corban Festival

古尔邦节是伊斯兰教的主要节日之一，也译为"宰牲节"，在伊斯兰教历12月10日举行。过节时，穆斯林沐浴、更衣、举行会礼，并宰牛羊等牲畜待客或馈赠，以表示纪念。在中国，宁夏、青海、新疆等地的穆斯林聚居地区，有叼羊、对唱等丰富多彩的古尔邦节活动。

04-04 基督教

基督教 Christianity

基督教与伊斯兰教、佛教并称"世界三大宗教"。1世纪，基督教发源于罗马的巴勒斯坦省（今以色列、巴勒斯坦、约旦地区），包括天主教、东正教、新教三大教派和一些较小的教派。基督教的经典是《圣经》，包括《旧约全书》与《新约全书》。基督教聂斯脱利派于唐初传入中国，当时称为"景教"。

天主教 Catholicism

天主教是"基督教三大教派"之一。除崇拜天主（即上帝）和耶稣基督外，还尊玛利亚为"圣母"。天主教于元代传入中国，后中断了一个时期，又于明代末年传入中国。

大三巴 Ruins of St. Paul's

"大三巴"为"大三巴牌坊"的简称，是澳门天主之母教堂——圣保禄大教堂的正面前壁的遗址。"三巴"即"圣保禄"（São Paulo）的粤语音译。该教堂建成于1637年，融合了欧洲文艺复兴时期建筑与东方建筑的风格，现仅存正立面，因类似中国传统牌坊而得名。现在大三巴牌坊已成为澳门的标志性建筑。2005年，它和其他21座建筑、建筑群及8个广场前地组成的澳门历史城区被列入《世界遗产名录》。

北京四堂 Four Major Churches in Beijing

"北京四堂"是北京四大天主教堂的简称，按照建造顺序分别为南堂、东堂、北堂、西堂。南堂即宣武门教堂，是北京现存最古老的天主教堂，由意大利传教士利玛窦于明万历三十三年（1605）改建成教堂，后经德国传教士汤若望扩建，附有天文台、藏书楼、仪器室等用来进行科学研究的建筑和设施。东堂即王府井教堂，由意大利传教士利类思和葡萄牙传教士安文思于清顺治十二年（1655）始建。北堂即西什库教堂，始建于清康熙三十八年（1699）。康熙帝因感谢传教士洪若翰治愈其病，赐地修建此堂。北堂属哥特式建筑，附有修道院、图书馆、后花园、印刷厂、孤儿院、医院、中学等，是北京最大的天主教堂。西堂即西直门教堂，由意大利传教士德理格始建于清雍正三年（1725），是北京四大天主堂中历史最短、规模最小的一个。

05 文学

中国文学是以汉民族文学为主的多民族文学共同体，历史悠久，以特殊的内容、形式和风格形成了自己的文化内涵与审美观念。从历史发展的角度看，中国文学可以分为三大阶段：第一，古代文学，时间是从上古到1919年五四运动前，这一阶段时间跨度长，成就辉煌，从中国第一部诗歌总集《诗经》到最负盛名的古典小说《红楼梦》，发展了2000多年；第二，现代文学，时间是从1919年五四运动到1949年中华人民共和国成立前，代表作家有鲁迅、巴金、老舍、沈从文、钱锺书等，思想内容主要为民主意识、科学精神与人文主义，创作方法以现实主义为主，兼有浪漫主义与现代主义；第三，当代文学，时间是从1949年中华人民共和国成立到现在，以1978年改革开放为分界线，又可分为前后两个时期。随着中国经济和社会的发展，以及全球化时代的来临，中国文学焕发出了新的活力，而且与世界文学的关系越来越密切，正在迈上一个新的台阶。

给学生讲解中国文学，建议：首先，注重文学作品的时代背景，因为不同的时代造就了不同的文学成就，如唐诗、宋词、元曲；其次，文学评论有"文如其人"之说，因此讲文学作品要关注其作者，如讲老舍的小说《四世同堂》，就应介绍土生土长的北京作家老舍；最后，要根据学生的兴趣点选择具体的文学体裁，如诗歌、散文、小说、戏剧文学等，这样可以使学生有更强的共鸣与更深的体味。

05-01 体裁类型

楚辞 *The Poetry of Chu*

楚辞原指战国时期产生于楚国的诗歌形式，汉代开始用来总称屈原、宋玉等人创作的诗歌。西汉刘向整理屈原、宋玉等人作品，编订《楚辞》。《楚辞》是中国文学史上第一部浪漫主义诗歌总集，该书以屈原的作品为主，其他作者也承袭屈原作品的风格，主题包括山川、人物、历史、风情等，句式活泼，感情奔放，想象奇特。《楚辞》对整个中国文化系统有着不同寻常的意义，它开创了中国文学浪漫主义传统，与《诗经》所开创的现实主义传统并行，对后世中国文学影响深远。

汉赋 *Hanfu*

赋是中国古代的一种文体，兼具诗歌与散文的性质，盛行于两汉，后世将其看作是汉代文学的代表，称为"汉赋"。汉赋的内容主要有宫殿城市、帝王游猎、草木禽兽、路途见闻、情感志向 5 个方面，又可分为骚体赋、大赋、小赋 3 种。骚体赋模仿屈原《离骚》的文体，由楚辞发展而来，大多抒发怀才不遇的情怀；大赋是汉赋的典型形式，结构宏大，采用对话问答的形式表现帝王将相的奢靡生活，渲染大汉帝国无可比拟的气魄与声威；小赋篇幅较短，多用韵文，侧重于抒写个人心理活动，托物言志、咏物抒情，语言较大赋朴素。汉赋的代表作家有西汉的司马相如、扬雄，东汉的班固、张衡等。

乐府 *Yuefu*

乐府原为古代设立的音乐机构，用来训练乐工、制定乐谱和采集民歌，其始于秦，汉武帝时期规模较大。民歌经过整理后配乐演奏，后世将这种带有音乐性质的歌词称为"乐府诗"。这种文体相对于《诗经》《楚辞》的文体来说更为活泼自由，并多以叙事为主，能在诗歌中塑造人物形象，真实地反映人民生活和社会现状，如《战城南》《东门行》《陌上桑》等。汉魏以来乐府的代表作为叙事民歌《孔雀东南飞》和《木兰诗》，它们被称为"乐府双璧"。

古体诗 Ancient-Style Poetry

古体诗是诗体名，为近体诗形成以前，除楚辞体外各种诗体的通称。从诗句的字数看，古体诗有四言诗、五言诗和七言诗等。古体诗不严格要求对仗，平仄、用韵方面较自由，每篇诗歌句数也不限。《诗经》中的诸多四言诗属于杰出的古体四言诗，《古诗十九首》诸篇则属于杰出的古体五言诗。

近体诗 Modern-Style Poetry

近体诗是古代诗歌的一种，又叫作"格律诗"。与古体诗相比，近体诗在字数、句数、平仄、对仗、押韵上都有严格的规定，主要分为律诗和绝句两个类别。律诗每首8句，绝句每首4句，各自又有五言、六言、七言之分。近体诗是唐代以后的主要诗体，在中国诗歌发展史上有着极其重要的作用，代表作家及其作品有李白的《送友人》、杜甫的《登高》、王之涣的《登鹳雀楼》、李商隐的《夜雨寄北》等。

古文 Ancient Chinese Prose

狭义的古文是一种文体名，指中国古代奇句单行、不讲对偶和声律的散文体。不同于讲究对偶和句法整齐的骈文，古文一般行文流畅、长短自由。古文源自先秦、汉代的诸子散文和历史散文。魏晋以后，骈文大盛，对文章形式的过分追求常常有伤于文章内容的表达，因而隋朝的苏绰、唐朝的韩愈等人先后提出"复兴古文"的主张。古文复兴盛于唐宋时期，代表作家有"唐宋八大家"，即唐代柳宗元、韩愈和宋代欧阳修、苏洵、苏轼、苏辙、王安石、曾巩8位散文家。他们掀起的古文革新浪潮使诗文发展的陈旧面貌焕然一新，甚至影响了明清科举考试的文体与文风。

骈文 Parallel Prose

骈文是一种文体名，指古代以字句两两相对而成篇章的文体，因其句式好似两匹马并驾齐驱，故称"骈文"；又因其常用四字句、六字句或四字六字句相间，故也称"四六文"。与传统的散文相比，骈文讲究词句的对仗工整、韵律的平仄和谐和声律的铿锵，易于吟诵，并且十分注重用典和语词的华美，以增强文章的艺术效果。虽然骈文对形式的追求常会束缚文章对内容的表达，但仍有很多内容丰富、思想深刻的佳作，如南北朝庾信的《哀江南赋》、唐朝王勃的《滕王阁序》等。

八股文 Eight-Part Essay

八股文是一种文体，主要用于明清时期的科举考试，考试要求文章必须有四段对偶排比的文字，每段两股，总共包括八股，所以叫作"八股文"，又叫"制义"。八股文有固定的格式，由破题、承题、起讲、入手、起股、中股、后股、束股8个部分组成。八股文的题目一律出自四书五经，内容以注解程朱理学为主，句子的长短、字词的繁简、声调的高低、文章的篇幅也都有规定，绝对不允许自由发挥。由于八股文对于文章在形式上的规定过于死板，其内容又受到理学的严格限制，所以在很大程度上束缚了读书人的思想。之后，八股文逐渐失去了生气，最终在清朝末年随着科举的废除而消亡。

山水诗 Landscape Poetry

山水诗是古代诗歌的一种类别，指描写山水风景的诗。山水诗的渊源在先秦，到汉末建安年间出现了第一首真正意义上的山水诗，即曹操的《观沧海》。但开山水诗派诗风的是东晋时期杰出的诗人谢灵运。谢灵运流连于山水间，创作了大量山水诗，把山水从玄理中解放出来，使其成为真正独立的审美对象。唐朝山水诗达到鼎盛，诗人用细腻的笔触描绘山水，将自己的情感与志趣寄托在大自然中，作品呈现出意境悠远、文风恬淡的特点。山水诗的代表作家及作品主要有谢灵运的《登池上楼》、王维的《山居秋暝》等。

田园诗 Pastoral Poetry

田园诗是中国古代诗歌的一种类型，多以农民、牧人、渔夫与田园景色、农耕活动为描写对象。田园诗的风格恬然平淡、自然清静，反映出古代农村的社会生活。东晋大诗人陶渊明辞官归隐田园，开创了田园诗派，此后这种诗歌便不断发展和丰富，被各朝各代的文人们所喜爱。他们以田园诗来寄托自己的情思，构建远离现实社会纷扰的精神家园。田园诗的代表作家及作品主要有陶渊明的《归园田居》、孟浩然的《过故人庄》、范成大的《四时田园杂兴》等。

边塞诗 Frontier Fortress Poetry

边塞诗是中国古代诗歌的一种类型，多以边塞风光、民俗人情、军旅生活为描写对象。边塞诗富有奇特的想象力，风格慷慨悲壮，充满着豪放之美。边塞诗是唐诗中思想最深刻、想象最丰富的一部分，表现了在残酷的战争中边疆将士艰难困苦的生活、怀念家乡的情思、杀敌报国的志向，充满了艺术张力。边塞诗的代表作家及作品主要有高适的《燕歌行》、岑参的《白雪歌送武判官归京》、王昌龄的《从军行》等。

唐诗 Tang Poetry

诗歌是中国古代的一种文体，这种文体发展到唐代达到了全盛状态，后世将唐代诗人所写的诗歌称为"唐诗"。唐诗的形式和风格与前代相比有极大的进步，能够不断地推陈出新，更加丰富多彩。同时，唐诗所表现的情感也十分真挚，艺术形象与意境的结合相当完美。在唐代，比较自由的古体诗与讲究对仗、押韵的近体诗都达到了极高的水平，因此，唐诗是中国古典诗歌的典范。唐诗的代表作家有很多，最重要的是继承了浪漫主义传统的李白和继承了现实主义传统的杜甫，他们是中国诗歌史上的两座高峰。

宋词 *Ci* Poetry of Song Dynasty

词是中国古代的一种文艺形式，源于唐代而盛于宋代，就像唐诗是唐代文学的主要代表一样，宋词被看成是宋代文学的主要代表。与诗相比，词的语言更为自由灵活，所表现的情感也比诗细腻深入，可以说词实际上是一种长短不齐的抒情诗。词的本色是细腻委婉，在宋代时又发展出豪放慷慨的一派，所以宋词包括两种明显不同的风格：豪放与婉约。豪放派的词常用来抒发建功立业、收复失地的悲壮感情，表现出强大的气魄与精神，代表词人有苏轼、辛弃疾、张孝祥、文天祥等；婉约派的词则把强烈的个人感情说得非常含蓄，一唱三叹，代表词人有柳永、周邦彦、李清照、秦观等。

元曲 Yuan Drama

曲是中国古代的一种文艺形式，就像唐诗、宋词分别是唐代文学、宋代文学的主要代表一样，元曲在元代蔚为大观。元曲主要包括散曲和杂剧两大类：散曲是一种合乐歌唱的诗体，形式自由，内容新颖，风格上接近民歌，代表作家及作品有马致远的《天净沙·秋思》、贯云石的《塞鸿秋·代人作》等；元杂剧最初流行于北方，以元大都为中心，遍布河南、河北，后逐渐流传至江南地区，是一种以唱为主的戏剧，表演者还有动作和台词。

元杂剧 Zaju of Yuan Dynasty

元杂剧是中国古代的一种戏曲形式，又叫"北杂剧"。元杂剧遵循"四折一楔子"（元杂剧剧本体制，一般都安排唱北曲四大套，同属一个宫调，一韵到底）和"一人主唱"的规定，形成了曲词、旁白、科介相结合的艺术形式，结构成熟完整。元杂剧的内容主要集中在揭露社会黑暗、歌颂英雄事迹、描写恋爱婚姻、反映道德伦理等方面，情节紧凑有致，语言妙趣横生，人物生动鲜明，将现实主义和浪漫主义紧密结合在一起，具有极高的文学价值和艺术魅力。代表剧作家及作品有关汉卿的《窦娥冤》、马致远的《汉宫秋》、白朴的《墙头马上》、王实甫的《西厢记》等。

唐传奇 Short Stories of Tang Dynasty

唐传奇是指在唐代流行的文言短篇小说。"传奇"之名最早见于晚唐裴铏（xíng）的《传奇》一书，后世将唐代这种记叙奇行异事的文言小说称为"唐传奇"。初唐与盛唐是唐传奇开始出现的时期，这一时期作品较少，艺术技巧也不够成熟，代表作有王度的《古镜记》。中唐是唐传奇的繁荣时期，名家名作大量出现，题材多取自于现实生活，涉及爱情、历史、政治、豪侠、梦幻、神仙等诸多方面，代表作家及作品有白行简的

《李娃传》、元稹的《莺莺传》、沈既济的《枕中记》等。晚唐是唐传奇的衰落时期，作品虽数量较多，但大都篇幅短小、内容单薄，在思想内涵和艺术成就上都不及中唐时期的作品。

明清小说 Fictions of Ming and Qing Dynasties

明清时期，小说这一文学形式繁荣起来，中国古代叙事文学也由此臻于成熟。明清小说改变了历来轻视小说的传统观念，打破了正统诗文的垄断地位，取得了与唐诗、宋词、元曲并列的地位。凭借叙事文学和通俗文学的特质，明清小说在题材的丰富性和内容的多样性上有了重大突破，而且由于明清小说以章回小说为主，分回标目来叙述故事，篇幅较长，故而对社会生活的展现也更为完整和细致。就这一点来说，明清小说使得文学的表现力得到了极大提升。代表作家及作品有元末明初罗贯中的《三国演义》、元末明初施耐庵的《水浒传》、明朝吴承恩的《西游记》、清朝曹雪芹的《红楼梦》等。

朦胧诗 Misty Poetry

朦胧诗指20世纪70年代末中国新诗潮运动中出现的诗歌作品，在艺术形式上多用象征手法，表现的主要是内在的精神世界，因此诗境模糊朦胧，诗意隐约含蓄，具有明显的不确定性和多义性，这类诗歌由此被称为"朦胧诗"。朦胧诗有着"叛逆"的精神，它打破了当时现实主义创作统一诗坛的局面，扩大了诗歌中的想象空间，对当时的文坛产生了很大影响。代表作家及作品有舒婷的《致橡树》、北岛的《回答》、顾城的《弧线》、江河的《星星变奏曲》等。

武侠小说 Martial Arts Fiction

武侠小说是中国通俗小说的一种重要类型，多以古代的"江湖"为故事背景，以侠客和义士为主人公，这些主人公大多相貌出众、武功高强，富有见义勇为和反抗恶势力的精神。中国较早的长篇武侠小说有清代的《三侠五义》，民国时期中国文坛还出现了还珠楼主的《蜀山剑侠传》、王度庐的《卧虎藏龙》等优秀作品。在当代，金庸、梁羽生、古龙等人掀起了新武侠小说的热潮，创作了《射雕英雄传》《七剑下天山》《武林外史》等优秀的武侠小说。

网络文学 Cyber-Literature

网络文学是指伴随着网络的发展而产生，以互联网为平台进行展示和传播的文学作品。从广义上看，网络文学主要包括三大类：一是已经存在的文学作品通过扫描或人工输入的方式进入网络平台；二是由作者直接创作并发表在网络平台上的作品；三是通过计算机软件生成的文学作品。从狭义上看，网络文学主要指上面的第二类。与传统文学相比，网络文学的题材、内容、形式更具多样性，与读者的互动性更强，能够实时回复、实时评论并进行投票。网络文学依靠网络的便捷快速产生了巨大的影响力，是流行文化的重要组成部分。

玄幻小说 Fantasy Novel

玄幻小说是幻想小说的类型之一，与以科学为基础的科幻小说和以神话为基础的魔幻小说相比，玄幻小说不受科学与人文的限制，整个小说世界全凭作者想象，在体制上更加自由，在内容上也更加广泛，能将科幻、魔幻、奇幻等多重因素随心组合，情节起伏、想象奇特，是网络文学中最受欢迎的种类之一。代表作品有萧潜的《飘邈之旅》、辰东的《遮天》、忘语的《凡人修仙传》等。

05-02 作家

屈原 Qu Yuan

屈原（约公元前340—约前278），名平，字原，战国时期楚国人。屈原有远大的政治志向，欲辅佐楚怀王行"美政"，却遭放逐，后自沉汨罗江，以身殉国。屈原是中国古代浪漫主义文学的奠基人，创立了"楚辞"

这种文学体式和"香草美人"的文学意象传统,对后世诗歌影响深远。屈原的作品体现出了强烈的生命意识与深厚的爱国热情,也被视为中国历史上第一位爱国主义诗人,代表作品有《离骚》《九歌》《九章》等。

陶渊明 Tao Yuanming

陶渊明(365—427),又名潜,字元亮,号五柳先生,浔阳柴桑(今江西九江)人,东晋伟大的文学家和思想家,被称为"古今隐逸诗人之宗"。陶渊明是田园诗派的创始人,他的田园诗语言自然质朴,意境高远深邃,表现出不与世俗同流合污的高洁品格,对后世诗人影响很大。陶渊明最后一次做官是担任彭泽县令,他不愿着官服迎接一个仗势欺人的督邮(古代官名),说:"我绝不会因为五斗米的俸禄向小人折腰行礼!"所以他最终因"不为五斗米折腰"辞官归乡,隐居田园。陶渊明的诗文汇集在《陶渊明集》里,代表作有《归园田居》《饮酒》《归去来兮辞》《闲情赋》《五柳先生传》等。

王维 Wang Wei

王维(701?—761),字摩诘,号摩诘居士,河东蒲州(今山西永济西南蒲州镇)人,曾任尚书右丞,故世称"王右丞",唐代著名诗人,有"诗佛"之称,与孟浩然并称"王孟"。王维的诗作多吟咏山水田园,诗风清新淡远、自然脱俗,且神形兼备、声色俱佳,充满动感美和音乐美。王维尤其善于写五言诗,在绘画上也造诣深厚,被奉为"南宗"山水画之祖。苏轼对王维的诗与画都颇为赞赏:"味摩诘之诗,诗中有画;观摩诘之画,画中有诗。"王维存诗近400首,汇集在《王右丞集》里,代表作有《渭川田家》《山居秋暝》《送元二使安西》《使至塞上》等。

李白 Li Bai

李白(701—762),字太白,号青莲居士,自称祖籍陇西成纪(今甘肃静宁西南),隋末其先人流寓碎叶(唐时属安西都护府,在今吉尔吉斯斯坦北部托克马克附近),幼时随父迁居绵州昌隆(今四川江油)青莲乡。

李白是唐代伟大的浪漫主义诗人，与杜甫并称"李杜"。李白的诗歌以乐府、歌行、绝句的艺术成就为最高，想象丰富，气概豪迈，风格奔放，被后世誉为"诗仙"。李白有着深厚的儒家情怀，渴望辅佐明君成就"安社稷"（"社"指土神，"稷"指谷神，古代君主都祭社稷，后来就用"社稷"代表国家）的政治理想。同时，李白又受道家思想的影响，好剑术，以抑强扶弱为己任，足迹遍布中国各地。后人将其诗作汇编为《李太白集》传世，代表作为《望庐山瀑布》《行路难》《蜀道难》《将进酒》等。

杜甫 Du Fu

杜甫（712—770），字子美，号少陵野老，河南巩县（今河南巩义）人，唐代伟大的现实主义诗人，被后人称为"诗圣"，与李白并称"李杜"。他的诗因反映了唐朝"安史之乱"前后的社会情况，展现了唐朝由盛转衰的历史过程，被称为"诗史"。杜甫诗风多变，总体风格沉郁顿挫。他坚守儒家的"仁政"思想，具有"致君尧舜上，再使风俗淳"的宏伟抱负。杜甫在世时名声并不显赫，但其作品对后来的中国文学和日本文学都产生了深远影响。杜甫共有1500余首诗歌被保留下来，汇集在《杜工部集》里，代表作有《春望》《北征》《秋兴八首》《春夜喜雨》等。

韩愈 Han Yu

韩愈（768—824），字退之，河南河阳（今河南孟州）人，自称"郡望昌黎"，世称"韩昌黎"，是唐代杰出的文学家、思想家和政治家，为"唐宋八大家"之首。韩愈提倡"文以载道""文道结合"，反对流于形式而不重内容的骈体文，倡导写作古文，主张恢复先秦两汉时的散文传统，倡导并发起了古文运动，苏轼称其"文起八代之衰"。韩愈喜欢"以文为诗"，追求语言艺术上的创新，对后世影响很大。韩愈同时致力于儒学的复兴，开宋明理学之先声。他的作品多收录于《昌黎先生集》，代表作有《原道》《师说》《春雪》等。

白居易 Bai Juyi

白居易（772—846），字乐天，号香山居士，又号醉吟先生，祖籍太原（今属山西），曾祖父白温迁居下邽（今陕西渭南），遂为下邽人。他是唐代伟大的现实主义诗人，有"诗魔"和"诗王"之称。他与元稹共同倡导新乐府运动，并称"元白"。白居易提出了"文章合为时而著，歌诗合为事而作"的现实主义创作原则，强调诗歌的社会政治功用，认为诗歌创作的根本目的在于补察时政，因此创作了大量的政治讽喻诗。此外，白居易也有情感真挚与风格恬淡的诗作。白居易有《白氏长庆集》传世，代表作为《卖炭翁》《长恨歌》《琵琶行》等。

柳宗元 Liu Zongyuan

柳宗元（773—819），字子厚，河东解县（今山西运城西南）人，世称"柳河东"，是"唐宋八大家"之一。柳宗元奉行儒家经世致用的思想，积极参与政治，参加了当时的改革运动"永贞革新"。柳宗元提出"以文明道"的主张，认为文章应反映社会现实。他的文章论说精辟，笔锋犀利，被贬时期寄情山水，创作了艺术成就很高的山水游记。其文收录于《河东先生集》，代表作有《捕蛇者说》《永州八记》《黔之驴》等。柳宗元也是唐代著名诗人，《江雪》是其代表诗作。

欧阳修 Ouyang Xiu

欧阳修（1007—1072），字永叔，号醉翁，晚号六一居士，吉州吉水（今属江西）人，谥号文忠，世称"欧阳文忠公"，宋代著名文学家和史学家，"唐宋八大家"之一。欧阳修领导了北宋中期的诗文革新运动，反对诗歌脱离现实，提出"诗穷而后工"的诗歌理论。在文道关系上，主张文道并重。欧阳修作文学习韩愈、柳宗元，取其文从字顺，同时又去其古奥艰深，创造了一种平易自然的新风格，这种风格对后世影响深远。欧阳修著述丰富，有《欧阳文忠公集》传世，代表作为《朋党论》《醉翁亭记》《秋声赋》等。

苏轼 Su Shi

苏轼（1037—1101），字子瞻，号东坡居士，眉州眉山（四川眉山）人，北宋文坛领袖，"唐宋八大家"之一，文学成就极高。他的诗清新豪健，与黄庭坚并称"苏黄"；他的词开豪放一派，与辛弃疾并称"苏辛"；他的散文挥洒自如，与欧阳修并称"欧苏"。此外，苏轼还擅书法与绘画。苏轼一生怀抱儒家经世济民的思想，渴望建功立业，却仕途坎坷，数次被贬，所以他也接受了道家与佛教思想。苏轼作品收录于《东坡七集》《东坡乐府》等，代表作有《赤壁赋》《饮湖上初晴雨后》《水调歌头》（明月几时有）、《念奴娇·赤壁怀古》等。

李清照 Li Qingzhao

李清照（1084—约1155），号易安居士，齐州章丘（今山东济南）人，是宋代杰出女词人，婉约派代表人物。李清照的词作内容随生活状态的变化而改变，前期多描写闺阁生活，词风清丽；北宋亡国后，她颠沛流离，词风也随之改变，充满了哀愁。李清照提出词"别是一家"的观点，打破了"词为诗余"的传统观念，丰富了宋代词论。李清照词的风格独树一帜，时人称之为"**易安体**"。李清照有作品集《漱玉词》传世，代表作有《一剪梅》（红藕香残玉簟秋）、《声声慢》（寻寻觅觅）、《如梦令》（昨夜雨疏风骤）等。

陆游 Lu You

陆游（1125—1210），字务观，号放翁，越州山阴（今浙江绍兴）人，南宋文学家与史学家。陆游生逢北宋灭亡之际，激昂的爱国热情与壮志难酬的悲慨成为他创作的主旋律。陆游的诗歌内容涵盖面广，除爱国主题外，还擅于描绘日常生活，既有现实主义的特点，又有浪漫主义的特征，兼具李白的雄奇奔放与杜甫的沉郁悲凉。陆游有《剑南诗稿》《渭南文集》《老学庵笔记》等传世，代表作有《示儿》《游山西村》《卜算子·咏梅》等。

辛弃疾 Xin Qiji

辛弃疾（1140—1207），字幼安，号稼轩，历城（今山东济南）人，宋代著名词人，豪放派代表人物。辛弃疾出生时北方已被金人统治，这使他满怀恢复中原的志向，抗金复国的爱国主义情感和英雄失路的愤懑成为其词作的主旋律。辛弃疾以文为词，语言富于变化，词风沉雄豪迈又不乏细腻柔媚。他的创作拓宽了词的境界，提高了词的文学地位。辛弃疾的词作收录于《稼轩长短句》，代表作品为《青玉案·元夕》、《永遇乐·京口北固亭怀古》、《摸鱼儿》(更能消几番风雨)等。

关汉卿 Guan Hanqing

关汉卿（约1230—约1300），号已斋叟，是元杂剧的奠基人，被誉为"曲圣"，居"元曲四大家"（关汉卿、白朴、马致远、郑光祖）之首。关汉卿的剧作题材广泛，大致可以分为公案剧、婚姻爱情剧、历史剧3类。他在塑造人物形象、处理戏剧冲突、运用戏曲语言等方面都有杰出成就。关汉卿的杂剧成就最高，代表作有《窦娥冤》《救风尘》《拜月亭》等。同时，他的散曲也有较高的艺术价值，题材涉及都市乡村生活百态。

汤显祖 Tang Xianzu

汤显祖（1550—1616），字义仍，号若士，临川（今江西抚州）人，明代戏曲家、文学家，其剧作《牡丹亭》《紫钗记》《南柯记》《邯郸记》合称《玉茗堂四梦》，又称《临川四梦》。其中《牡丹亭》最为著名，该剧描写了一个动人的爱情故事：官家小姐杜丽娘对梦中书生柳梦梅倾心相爱，竟然伤情而死，化为魂魄寻找现实中的爱人，人鬼相恋，最后起死回生，有情人终成眷属。汤显祖的剧作艺术成就极高，影响极大，学界常把他和英国同时期伟大的剧作家莎士比亚对举。同时，汤显祖还是一位杰出的诗人，其诗作存于《玉茗堂集》。

龚自珍 Gong Zizhen

龚自珍（1792—1841），字璱（sè）人，浙江仁和（今浙江杭州）人，清代晚期杰出的思想家、诗人、文学家和改良主义的先驱者。他清醒地看到了清王朝已入"衰世"的事实，感到封建社会的没落之势难以遏制，于是积极呼吁改革。龚自珍全力支持林则徐禁烟，作诗作文有火一样的热情，揭露社会弊病，抨击官僚制度，洋溢着爱国热情，给人以鼓舞和激励。龚自珍留存文章300余篇，诗词近800首，诗集《己亥杂诗》中有诗歌315首，多为咏怀与讽喻之作，抨击了死气沉沉的封建社会，表达了他对思想解放和个性解放的追求。

鲁迅 Lu Xun

鲁迅（1881—1936），原名周樟寿，后改名周树人，字豫才，浙江绍兴人，是中国著名的文学家、思想家，也是五四新文化运动的重要参与者。"鲁迅"是周树人1918年发表《狂人日记》时使用的笔名，也是他影响最广泛的笔名，所以人们多直接以此来称呼他。鲁迅在文学创作、文学批评、翻译、美术理论引进、基础科学介绍等多个领域都有巨大的贡献，堪称中国现代文学的奠基人，且驰名世界文坛，被誉为"20世纪东亚文化地图上占最大领土的作家"。他的各种著述收录在《鲁迅全集》中，代表作为《呐喊》《彷徨》《阿Q正传》等。

郭沫若 Guo Moruo

郭沫若（1892—1978），原名郭开贞，笔名郭鼎堂，号尚武，四川乐山人。他是中国现当代文学家、史学家、考古学家，也是中国新诗的奠基人之一。郭沫若在五四运动时期积极创作充满革命激情的诗作，后来创作的历史剧也具有现实意义。在书法方面，郭沫若也有很高的成就，他以"回锋转向，逆入平出"为要诀，注重师承又大胆创新，其书法被世人称为"郭体"。郭沫若的代表作有专著《中国古代社会研究》、话剧《蔡文姬》、诗歌《凤凰涅槃》等。

茅盾 Mao Dun

茅盾（1896—1981），原名沈德鸿，字雁冰，浙江桐乡人，"茅盾"是他的笔名。他是中国现当代杰出的作家、文学评论家、社会活动家，也是新文化运动的先驱者、中国革命文艺的奠基人之一。茅盾的代表作有小说《子夜》《春蚕》和文学评论《夜读偶记》等。其小说中的人物形象具有一定的创新性和时代性，如《子夜》中的资本家吴荪（sūn）甫、《春蚕》中的农民老通宝和多多头父子，都是当时中国社会众生相的代表。茅盾去世后，中国作家协会根据其遗愿和捐赠稿费设立和主办的长篇小说奖——茅盾文学奖，是中国当代文学具有至高荣誉的文学奖项之一。

老舍 Lao She

老舍（1899—1966），原名舒庆春，字舍予，北京人，"老舍"是他的笔名。老舍是中国现当代杰出的小说家、作家。老舍的作品语言朴实、幽默，富有浓郁的北京地方特色。他是"京派"文学的代表人物，北京市人民政府曾授予他"人民艺术家"称号。代表作有小说《骆驼祥子》《四世同堂》、剧本《茶馆》等。在中国现代作家中，老舍是一个能够身体力行地将文学与曲艺结合，长时间地关注曲艺发展，并亲自参与曲艺革新的作家。

巴金 Ba Jin

巴金（1904—2005），原名李尧棠，字芾甘，祖籍浙江嘉兴，"巴金"是他的笔名。巴金是中国现当代杰出的作家、翻译家、社会活动家。巴金的文学成就十分丰厚，代表作品有《家》《灭亡》《寒夜》等。他的作品风格热烈而浪漫，感情充沛，具有激进的批判现实的意义。他撰写的《随想录》内容朴实，感情真挚，猛烈地批判了封建伦理道德，充满着忏悔和自省。巴金被誉为"20世纪中国文学的良心"。

曹禺 Cao Yu

曹禺（1910—1996），原名万家宝，湖北潜江人，出生于天津，中国现当代话剧史上成就卓越的剧作家。其代表作《雷雨》《日出》在中国现代话剧艺术史上影响深远。《雷雨》所展示的是一出人生悲剧，通过讲述资本家周朴园和工人鲁大海的在伦理血缘上有着千丝万缕的联系的家庭故事，剖析了社会和历史的深重罪恶。《日出》以交际花陈白露及其往日恋人方达生为中心，以陈家客厅等为活动场所，把社会各色人物的生活展现在观众面前，抨击了当时扭曲人性的社会制度。

钱锺书 Qian Zhongshu

钱锺书（1910—1998），字默存，号槐聚，江苏无锡人，中国现当代杰出的作家、文学研究家，与饶宗颐并称为"南饶北钱"。在学术方面，他的《谈艺录》是中国最后一部集传统诗话之大成的著作，也是第一部广采西方人文社科新学来诠释与评论中国古典诗学诗艺的书。在小说创作方面，他的《围城》是一部家喻户晓的现当代文学经典，也是中国现当代独具特色的小说之一。"贯通中西，古今互见"是钱锺书的治学特点，他能融合多学科知识，在学术界自成一家，被誉为"文化昆仑"。

张爱玲 Zhang Ailing

张爱玲（1920—1995），原名张煐，是中国现当代杰出的女作家。她的创作涉及小说、散文、剧本评论等多个方面，其中以小说的成就最高，代表作品有《倾城之恋》《金锁记》《半生缘》《红玫瑰与白玫瑰》等。她的小说在人物塑造、叙事结构、语言技巧、选题立意上都非常有特点。张爱玲的文学创作开拓了女性批判的新视野和女性文学的新天地，她注重暗示技巧，能将人物的动作、言语、心理三者融会贯通，以达到其揭示社会根源的目的。这使得张爱玲的小说极具深度，达到了中国写实小说的新高峰。

金庸 Jin Yong

金庸（1924—2018），原名查良镛，浙江海宁人。他是中国现当代杰出的武侠小说作家，代表作品有《书剑恩仇录》《神雕侠侣》《射雕英雄传》《天龙八部》《鹿鼎记》等。有人将其所著小说的书名首字相连，组成"飞雪连天射白鹿，笑书神侠倚碧鸳"一联，并加横批"越女剑"，他的每部作品都深受人们喜爱。金庸的小说有着强烈的悲剧意识，体现了对历史意义及现实价值的探寻。他在创作过程中有意识地设置了"情"与"理"的冲突，通过描述和张扬人的真实的"情"，反抗禁锢思想和社会发展的"理"，形成文字张力。

梁晓声 Liang Xiaosheng

梁晓声（1949—   ），原名梁绍生，原籍山东荣成，中国当代的杰出作家，开知青文学创作之先河。梁晓声创作了大量小说、散文、随笔和影视作品，真实而深刻地展现了知青群体的痛苦与快乐，赞美了他们的心灵与情操，为知青一代树立起不屈的精神丰碑。梁晓声的创作风格可以概括为现实主义的英雄化、平民化、寓言化三种，表现了底层人民的劳苦与坚强，并对社会上的丑恶现象进行无情的剖析，蕴含着强大的精神力量。代表作品有《雪城》《今夜有暴风雪》《人世间》等,其中《人世间》于2019年荣获第十届茅盾文学奖。

贾平凹 Jia Pingwa

贾平凹(1952—),陕西丹凤县棣花镇人,中国当代的杰出作家,代表作有长篇小说《浮躁》《废都》《秦腔》等。在长篇小说创作上,贾平凹以对自然的追求作为审美理想;在散文创作上,"境界"是他刻意追求的个性化的艺术品性。因此,贾平凹的作品中处处都有诗情画意,蕴含着通达心灵的深刻哲理。他是当代中国最具叛逆精神和创造精神的作家之一,具有广泛的影响力。

莫言 Mo Yan

莫言(1955—),本名管谟业,山东高密人。他是中国当代的杰出作家,也是第一个获得诺贝尔文学奖的中国籍作家,代表作品有《透明的红萝卜》《红高粱家族》《蛙》《生死疲劳》《爆炸》等。莫言的作品植根于古老深厚的中华文明,具有无限丰富又科学严密的想象空间,其写作思维新颖独特,以激烈澎湃又不乏柔情细腻的语言展现了中国这一古老国度在近现代史上特殊的发展历程,反映了时代潮流中人们充满爱与痛的生活。

05-03 名著

《诗经》 Book of Songs

《诗经》是中国文学史上第一部诗歌总集,收集了西周初年到春秋中期的诗歌305篇,分《风》《雅》《颂》3个部分。《风》是采自诸侯国的民间乐曲,共160篇;《雅》又分《大雅》和《小雅》,是王都附近的乐曲,共105篇;《颂》是祭祖祀神的乐曲,共40篇。所有诗歌均可歌唱,但乐谱没有流传下来。《诗经》的内容主要为统治者的征战田猎,贵族的奢侈生活,普通百姓的生产、生活与爱情、婚姻等。形式以四言为主,采用了赋、比、兴的艺术表现手法。汉代将《诗经》列入儒家经典,为"五经"之一。

《山海经》 *The Book of Mountains and Seas*

《山海经》是中国古代记述怪异事物或事件的文献，具体作者不详。全书现存 18 卷，包括《山经》5 卷、《海经》8 卷、《大荒经》4 卷、《海内经》1 卷。主要内容为民间传说中的地理知识，包括山川、物产、民族、药物、祭祀等，也保存了夸父逐日、女娲补天、精卫填海、大禹治水等远古神话和寓言故事，具有重要的文献价值。

《古诗十九首》 *Nineteen Ancient Poems*

《古诗十九首》是在汉代民歌基础上发展起来的五言诗，也是乐府古诗文人化的标志。其作者从民歌中汲取营养进行创作，因此语言朴素自然，描写生动真切，而且多为有感而发之作，抒发了离愁别绪、人生无常、及时行乐等感受。《古诗十九首》寓情于景，情景交融，被南朝梁文学评论家刘勰（xié）称为"五言之冠冕"，其中最为人们熟知的有《迢迢牵牛星》《涉江采芙蓉》《西北有高楼》等篇目。

《唐诗三百首》 *Three Hundred Tang Poems*

《唐诗三百首》由清乾隆间蘅塘退士（孙洙）编，是唐诗众多选本中流传最广、影响最大、老幼皆宜、雅俗共赏的经典选本，实选 310 首，后四藤吟社本又增补杜甫《咏怀古迹》3 首。其中既有五言诗，又有七言诗；既有古体诗，又有近体诗。该选本选录作家包括杜甫、王维、李白、李商隐等诗人，除了他们的作品外，还有不少其他作家的作品。早在唐代就有不少唐诗选本流传，宋、元、明时期也出现了诸多唐诗版本。至清代康熙年间，彭定求等人编订《全唐诗》，收录 49000 多首诗，清代乾隆年间沈德潜以《全唐诗》为蓝本编选《唐诗别裁集》，收录 1900 多首。随后蘅塘退士才以《唐诗别裁集》为蓝本编选《唐诗三百首》，该版本以务实的编法、适中的篇幅、通俗的观点成为流传最广、影响最大的唐诗普及读本，长盛不衰。

《文心雕龙》 The Literary Mind and the Carving of the Dragon

《文心雕龙》是南朝文学理论家刘勰创作的一部文学理论著作，成书于南朝齐和帝中兴元年（501）至中兴二年（502）。全书10卷，共50篇（原分上、下部，各25篇），包括4个方面：上部的《原道》至《辨骚》5篇是全书的纲领性章节，强调了文学创作中"道"的本原地位；《明诗》到《书记》20篇则对各种文体进行了溯源，并对作家、作品进行了评价；下部的《神思》到《物色》(《时序》不计在内)20篇重点研究了创作过程中的各种问题，属于创作论；《时序》《才略》《知音》《程器》4篇主要是文学史论和批评鉴赏论；最后一篇《序志》说明作者写作此书的动机、态度与原则，以上共50篇。《文心雕龙》是中国文学理论批评史上第一部体系完备、结构严密、论述细致的专著，具有极其重要的地位与价值。

《临川四梦》 Four Dreams of Linchuan

《临川四梦》又称《玉茗堂四梦》，是明代杰出剧作家汤显祖创作的4部经典作品的总称，这4部作品分别是《牡丹亭》《紫钗记》《邯郸记》《南柯记》。根据创作意图来看，可以分为两类：《牡丹亭》和《紫钗记》是入世的，它们以爱情为中心，肯定"真情"并追求"至情"，认为爱情可以超越一切；《邯郸记》和《南柯记》则是出世的，它们讽刺了荣华富贵，希望人们能够看破俗世、克服俗念。《临川四梦》文辞优美华丽，蕴含着汤显祖对于现实和生命的深刻思考，具有极高的艺术与思想价值。

《三国演义》 Romance of the Three Kingdoms

《三国演义》是中国古典四大名著之一，成书于明初，由罗贯中创作，是中国第一部长篇章回体历史小说。此书以东汉末年到西晋初年近百年的历史为背景，大致分为黄巾起义、董卓之乱、群雄逐鹿、三国鼎立、三国归晋等5个阶段，刻画了一大群气势豪迈的英雄人物，描写了许多宏大壮观的战争场面。在创作上，《三国演义》虽然有不少虚构成分，但其中涉及的重大历史事件皆取之于史实，主要人物的性格、经历也基本符合史实，以"七实三虚"作为基本原则，继承了传统史学的实录精神，在文学史上有着十分重要的地位。

《水浒传》Outlaws of the Marshes

《水浒传》，中国古典四大名著之一，是中国历史上第一部用白话文写成的长篇小说，开创了白话章回体小说的先河，一般认为其作者是施耐庵。《水浒传》以北宋末年宋江起义为故事背景，多方位描述了宋江起义从发生、发展到最终失败的全过程，歌颂了众多时代英雄的反抗精神和斗争精神，揭示了起义失败的内在历史原因。相对于四大名著的其他3部，《水浒传》更加贴近生活，人物性格也更富有多样性、层次性，多方面推进了中国古代长篇小说的发展。

《西游记》Journey to the West

《西游记》，中国古典四大名著之一，是中国第一部浪漫主义章回体长篇神魔小说，作者是明代小说家吴承恩。《西游记》以唐僧、孙悟空、猪八戒、沙僧4人为主人公，描写了4人西行求取真经路上遇到并克服种种艰难险阻的经历。作者想象力极为丰富，运用浪漫主义手法描绘了一个神奇瑰丽的幻想世界，又通过幻想世界反映出现实社会中的世态人情，极具现实映射意义。《西游记》以它独特的思想内涵与艺术魅力给读者一种奇幻的体验，达到了古代浪漫主义长篇小说的巅峰。

《红楼梦》A Dream of Red Mansions

《红楼梦》又名《石头记》，中国古代章回体长篇小说，中国古典四大名著之一，作者为清代杰出小说家曹雪芹（约1715—约1764）。曹雪芹名霑（zhān），字梦阮，号雪芹，江宁（今江苏南京）人，经历过早年富贵到后来被抄家而落魄的转变，对封建社会有十分清醒而深刻的认识，由此创作了极具思想性的巨著《红楼梦》。《红楼梦》以贾、史、王、薛四大家族的兴衰为背景，以富贵公子贾宝玉为主人公，描绘了封建社会末期的人生百态，展现了人性美和悲剧美。该书规模宏大、结构严谨、人物复杂、情节生动，是中国古代长篇小说的一座高峰，在世界文学史上也有很高的地位。关于曹雪芹及《红楼梦》的研究成果十分丰厚,以至形成了一种专门的学问——红学。

《三体》 The Three-Body Problem

《三体》是当代工程师兼作家刘慈欣创作的系列长篇科幻小说,包括《三体》《三体Ⅱ·黑暗森林》和《三体Ⅲ·死神永生》3部,其中第一部获得了2015年第73届雨果奖的最佳长篇小说奖。《三体》主要讲述了地球上的人类文明和地球外的三体文明之间的角逐和搏杀,刻画了叶文洁、罗辑等鲜活生动的人物形象。整个故事情节复杂、跌宕起伏,描绘出了宇宙间的战争与和平,将人类推到极端绝望的境地中,给读者提供巨大的思考空间。《三体》系列小说有着华丽的细节描写和繁复的铺陈造势,同时,精确、冷静、超然的叙事风格始终贯穿其中。

05-04 人物形象

孙悟空 Sun Wukong

孙悟空是中国家喻户晓的形象,出自中国古典四大名著之一的《西游记》。《西游记》中,孙悟空祖籍东胜神洲,由仙石孕育而生。他拜菩提祖师学艺,大闹天宫后经观音点化,保护唐僧西天取经,最后修成正果。据现有资料,孙悟空的艺术形象最早出现在南宋时期的《大唐三藏取经诗话》中,乃"白衣秀才猴行者"。元代平话《西游记》、杂剧《西游记》等作品又进一步演绎,丰富充实了这一艺术形象。明代吴承恩在继承前人创作的基础上完成了长篇小说《西游记》,他对孙悟空形象的再创作十分成功,实现了孙悟空"人""猿""神"的统一。同时,这一艺术形象也在一定程度上反映出普通民众向权威挑战的意识与追求自由和正义的愿望。

猪八戒 Zhu Bajie

猪八戒是中国古典名著《西游记》中的虚构人物,性格好吃懒做。猪八戒前世是执掌天河 8 万水军的天蓬元帅，因调戏霓裳仙子被贬下凡，阴差阳错投了猪胎，后经观音点化成为唐僧的二弟子，保护其去西天取经，修成正果后被封为"净坛使者"。猪八戒的形象具有十分鲜明的时代意义：他身上所具有的回归土地、眷念家园、躬耕定居的特点，是长期农耕文化下劳动人民的典型特征；他身上所具有的贪财贪色、自私自利的特点，又来自于明代社会好财好货的风气，是当时小生产者、小市民意识的体现，反映了明代社会商品经济的状况。

唐僧 Tang Monk

唐僧，也叫唐三藏，是中国古典名著《西游记》中的核心人物之一，其原型是唐代高僧玄奘。《西游记》是明代小说家吴承恩根据玄奘取经的故事不断演绎充实写成的。唐僧在《西游记》中是一个凡人的形象，他慈悲为怀，乐善好施，虽然是肉体凡胎，却胸怀天下，为了能够惠及黎民百姓，毅然决然西行求取真经。同时，唐僧的性格也有缺点，他的过分善良使得白骨精等妖怪的奸计得逞，甚至惹得孙悟空怒回花果山。但无论是历史上的玄奘，还是《西游记》中经过了艺术加工的唐僧，都展示出了坚定的信仰和坚强的意志，能够排除千难万险去实现自己的理想。

贾宝玉 Jia Baoyu

贾宝玉是中国古典名著《红楼梦》中的男主人公，因出生时口含通灵宝玉而得名。宝玉从小生长在富贵之家，深受祖母贾母疼爱。其个性带有叛逆色彩，他喜欢诗词歌赋，反对科举考试，讨厌四书和八股文，还批判程朱理学，不愿走当官发财的道路。同时，他重情不重礼，强烈地追求自由纯真的人际关系。他与黛玉青梅竹马，可惜最后以悲剧收场。学界通常将曹雪芹与贾宝玉相结合进行研究，认为后者带有前者自传的色彩。

林黛玉 Lin Daiyu

林黛玉是中国古典名著《红楼梦》中的女主人公，10 岁时进入贾府。黛玉是一个叛逆者的形象，既多愁善感又高傲孤独，鄙视封建文人的庸俗，诅咒八股功名的虚伪，厌倦无聊乏味的世俗生活。这使得黛玉与《红楼梦》中的另一个叛逆者宝玉志趣相投并逐渐相爱。与之相关的还有"绛珠还泪"的故事：绛珠草经神瑛侍者每日以甘露灌溉脱胎换骨为女儿身，为报答此恩随神瑛侍者下凡，用一生的眼泪来报答他。绛珠草的化身就是黛玉，神瑛侍者的化身就是宝玉。这个故事赋予了黛玉迷人的诗人气质，为宝黛爱情注入了带有奇幻元素的浪漫主义色彩，也定下了悲剧基调。

武松 Wu Song

武松是中国古典名著《水浒传》中的重要人物，因在家中是第二子，故又叫"武二郎"。武松身长八尺，仪表堂堂，力气非凡，他在景阳冈上空手斗虎的故事广为流传。武松为给自己的哥哥武大郎报仇，杀掉了潘金莲和西门庆，被发配到孟州，又在去孟州的途中为伸张正义，大战蒋门神、血溅鸳鸯楼，为躲避官府抓捕改以僧人打扮行走江湖。武松在归顺梁山之后坐第14把椅，后受到招安而为朝廷效力，最终在征讨方腊的战役中遭人暗算失去一臂，后在六和寺出家，享年80岁善终。

宋江 Song Jiang

宋江是古典名著《水浒传》中的重要人物，字公明，祖籍山东。他面黑身矮，人称"黑宋江"；又常常仗义疏财，于是江湖送外号"及时雨"。宋江因为顾念情义而私放晁盖，却被已经出轨的小妾阎婆惜抓到把柄并要挟，于是宋江将其杀死，连夜遁逃，几经周折上了梁山，成为梁山起义军的首领，在108将中稳坐第1把交椅。出于多种原因，宋江带领梁山诸人接受了朝廷招安，领兵出征并战功显赫，被封为"武德大夫"。

鲁智深 Lu Zhishen

鲁智深是古典名著《水浒传》中的重要人物，本名鲁达，绰号"花和尚"。他原是渭州经略府提辖，因为打死了恶霸镇关西而被官府通缉，为避祸做了和尚，"智深"便是他的法名。进入江湖后，他曾搭救林冲，又与杨志、武松一起加入了梁山108将，排行第13位。梁山诸人被朝廷招安并征四寇，鲁智深勇猛非常，战功卓越。生擒方腊一战后，鲁智深与痛失一臂的武松共同在杭州的六和寺出家，最后在钱塘江大潮来临之时随潮圆寂，被追赠为"义烈昭暨禅师"。

诸葛亮 Zhuge Liang

诸葛亮（181—234），字孔明，琅琊阳都（今山东沂南）人，三国时期蜀汉丞相，中国古代杰出的政治家、军事家、文学家和改革家，中国古代长篇小说《三国演义》中最重要的人物之一。诸葛亮曾隐居隆中（今湖北襄阳），经刘备"三顾茅庐"而出山，足智多谋，辅佐刘备建立蜀汉政权并任丞相。与之相关的著名历史事件有隆中对策、赤壁斗智、定鼎荆益等。诸葛亮有《出师表》《诫子书》等代表作，还曾发明木牛流马、孔明灯。他一生鞠躬尽瘁，死而后已，是中国传统文化中忠臣与智者的代表人物。

关羽 Guan Yu

关羽（约160—220），字云长，河东解县（今山西运城）人，汉末三国时期名将，中国古代长篇小说《三国演义》中最重要的人物之一。关羽忠义勇猛，手持青龙偃月刀，高大威猛且武艺不凡。与刘备、张飞桃园结义，而后随刘备东征西讨，斩将杀敌，大显神威，为刘备建立蜀汉政权立下了卓越功勋。关羽在后世被民间尊为"关公"，历代朝廷多有褒封，清朝雍正时期尊其为"武圣"，与"文圣"孔子地位等同，中国很多地方都建有关帝庙。

张飞 Zhang Fei

张飞（？—221），字益德，涿郡（今河北涿州）人，三国时期蜀汉名将，中国古代长篇小说《三国演义》中最重要的人物之一。张飞勇武过人，与关羽并称为"万人敌"，二人早年与蜀汉开国皇帝刘备结义，一直辅佐刘备。建安十三年（208），刘备于长坂坡败退时，张飞仅率20骑断后，据水断桥，曹军无人敢逼近，刘备因此得以免难。张飞在京剧中是黑色脸谱，象征着正直而威武有力。

05-05 理论学说

温柔敦厚 Mild and Gentle

"温柔敦厚"是中国古代儒家的传统诗教,也是汉代儒学家对孔子文艺思想的一种概括。孔子从"中庸之道"的观点出发,提出了"温柔敦厚"的诗教观,认为文学应该保持"中和之美",表达感情时要适度,要有所节制。在创作时,要运用比兴的手法,形成委婉含蓄的艺术风格,这有利于读者通过自己的理解来对作品进行再创造。同时,温柔敦厚也成为道德理论的规范,它要求社会成员之间互相尊重、互相礼让,有益于构建和谐稳定的社会关系。

诗言志 Poetry Expresses Aspirations

"诗言志"是中国古代文论家对诗歌本质特征的认识,他们认为诗歌应该用来表达诗人内心的志向或抱负。"志"的含义可以解释为思想、志向、愿望、抱负等。由于对"诗言志"中"志"的理解不同,所以中国古代文学批评史上曾有过"言志"与"缘情"的严重对立,最终"情志并重"成为主流,这要求诗歌既要反映现实,重视社会作用,又要感物写情,重视其抒情性和艺术性。"诗言志"作为中国古代诗论的开山纲领,对后代文艺理论的形成和发展有着深远的影响。

自然 Nature

道家强调朴素之美,在老子和庄子看来,"自然"就是一种朴素之美。"自然"的含义主要有三点:一是专指与社会人生相对的自然界,二是指事物的天然本性,三是指人对天地自然规律的自由运用。概括来说,"自然"便是要从自然(宇宙人生)出发,反映自然之真,揭示自然之理,表现自然之情,达到自然之美。这种自然之美体现在文学上时,主要指在创作中信手拈来、涉笔成趣所达到的至高境界,即诗论家和诗人所追求的诗歌雕而无痕、"豪华落尽见真淳"的自然美感。

建安风骨 Vigor of Style in Jian'an

"建安风骨"也称"汉魏风骨",建安是汉献帝的年号。建安风骨指建安年间至魏初,以曹氏父子为中心的文人集团的诗文创作中所表现出来的鲜明的时代风格。汉末社会动荡,连年战乱,这一时期的文人既有政治理想又有务实精神,他们继承汉乐府民歌的现实主义传统创作了大量文学作品。这些作品风格雄健而悲凉,既抒发了建功立业的理想和积极进取的精神,也流露出人生短暂、壮志难酬的情绪,真实地反映了现实的动乱和人民的苦难。代表人物有"三曹"(曹操与其子曹丕、曹植)与"建安七子"(建安年间7位文学家的合称,包括孔融、陈琳、王粲、徐幹、阮瑀、应场、刘桢)。

魏晋风度 Demeanor in Wei and Jin Periods

"魏晋风度"指魏晋时期名士所具有的率直洒脱的风格。魏晋是一个动乱的年代,乱世带来了政治高压,因此士大夫们生存处境险恶,稍不谨慎就会获罪。为躲避政治风波,他们只能饮酒、清谈或纵情山水,表现出一种风流潇洒、不滞于物的气质。这种生活方式和人格气质成为当时人们普遍追求的审美理想。代表人物是以阮籍和嵇康为首的"竹林七贤",他们的生活态度被认为是一种真正的名士风姿,为世人所推崇。

盛唐气象 Spectacle of Prosperous Tang Dynasty

"盛唐气象"主要指盛唐时期诗歌的总体风貌特征,同时也是一种时代气质。盛唐社会稳定,经济繁荣,国力强盛,诗人们的精神面貌和心理状态都是十分进取和昂扬的,这使他们的作品具有强大的自信心和包容力,具有畅想未来的理想主义精神、自觉肩负历史重任的主人翁意识、积极追求建功立业的有为精神,以及傲视古今、放眼四海的开阔胸怀。在这种时代气质的影响下,诗歌展现出蓬勃向上的朝气和乐观浪漫的精神,笔力雄壮,境界浑厚,代表作家及作品有李白的《将进酒》、王昌龄的《从军行》等。

返璞归真 Return to One's Original Nature

"返璞归真"是老子的重要思想,后来也成为一种文学境界和文学批评的标准。老子认为，人随着年龄的增长和社会环境的不断改变，会逐渐丢失天性，欲求无止，与"道"背驰。针对这种现象，老子提出了"返璞归真"的理论：人如果能够遵循一定的行为规范，长期进行自我修炼，就能够摒弃伪性，变得如同新出生的婴儿一样无欲无求，从而回归到淳朴天真的本性，最终达到人与"道"融为一体的境界。

复古派 Archaist School

复古派是明朝的文学流派，强调诗歌创作应当学习盛唐，文章写作应当学习秦汉，复古思潮贯穿在整个明代文学的发展中。以李东阳为首的茶陵派是复古的先声，他们强调对声调、节奏等法度的学习。以李梦阳为首的"前七子"和以李攀龙、王世贞为首的"后七子"走向了复古的高潮，他们强调诗歌应师法杜甫，注重诗人的思想感情，打破萎靡不振的文学局面。以陈子龙为代表的"复社"和"几社"则代表了复古的尾声，他们也主张学习古人，但却反对泥古不化，强调应在学习古法中贯穿作家个人的真情实感。

神韵说 Theory of Romantic Charm

"神韵说"是中国古代诗论的一种诗歌创作主张，由清初王士禛提出，统治清代前期诗坛百年之久。它与此前钟嵘的"滋味说"、司空图的"韵外之致"意思大致相近，指诗歌在艺术表现上追求一种空灵飘逸、镜花水月、不着痕迹的境界，并要求诗歌具有含蓄内敛、言尽意不尽的特点。以"神韵说"为宗旨，王士禛特别推崇那些清幽淡泊而富有诗情画意的诗歌，他认为唐代王维、孟浩然的作品是"神韵说"的典型代表。

意境 Artistic Conception

"意境"指的是文学作品中所描绘的客观景物和主观情思融合在一起，浑然一体的艺术境界。这种境界能使人身临其境，从而切身地拥有审美体悟。这种从作品的意境中得到的审美体悟，常常是意味无穷却又难以言明、具体把握的，如诗歌中的情景交融、虚实相生，使得读者从中感受到韵味无穷的诗意空间。

05-06 寓言故事

愚公移山 The Foolish Old Man Removes the Mountains

"愚公移山"出自《列子·汤问》。愚公不畏艰难、坚持不懈地凿石移山，天帝为其精神所感动，最终派出夸娥氏二子将山挪走。寓言中愚公和智叟二人的对话蕴含着丰富的哲理，"愚公不愚，智叟不智"的对比反映了先民"人定胜天"的强烈愿望，展现了先民不屈不挠的信心和毅力。"愚公移山"常用来形容做事有不可动摇的恒心和不怕困难的勇气。这则寓言故事有很强的激励作用，可以鼓励人们持之以恒地克服生活中遇到的困难。

守株待兔 Wait for a Windfall

"守株待兔"出自《韩非子·五蠹（dù）》："宋人有耕田者，田中有株，兔走触株，折颈而死，因释其耒（lěi）而守株，冀复得兔。兔不可复得，而身为宋国笑。今欲以先王之政，治当世之民，皆守株之类也。"这个寓言故事讲的是，一个农夫偶然捡到了一只撞死在树上的兔子，于是就不再干农活，只守在树旁，希望还能捡到撞死在树上的兔子，最终成了别人口中的笑话。"守株待兔"常用来形容不经过努力就想成功的侥幸心理，也比喻墨守成规、不知变通。

刻舟求剑 Take a Measure without Regard to the Changing Circumstances

"刻舟求剑"出自《吕氏春秋·察今》。一个人佩剑坐船，他的剑掉到了江里，他不去捞剑，而是在船上做了标记，等船靠岸后，从标记的地方再下水捞剑。"刻舟求剑"常用来比喻人的眼光未与客观世界的发展变化同步，不懂得根据实际情况处理问题，也比喻办事刻板、不知变通。

掩耳盗铃 Turn a Deaf Ear

"掩耳盗铃"出自《吕氏春秋·自知》。偷钟的人因为担心钟发出声响，自己的偷盗行为被发现，所以捂住了自己的耳朵，以为自己听不见，别人便也听不见了。后常用"掩耳盗铃"来形容自己欺骗自己的状况。

画蛇添足 Paint the Lily

"画蛇添足"出自《战国策·齐策二》。古时众人分酒,有人建议每个人在地上画一条蛇,谁画得快酒就归谁。有个人画得很快,便说:"你们画得好慢啊!我再给它画几只脚也不算晚!"于是他左手提着酒壶,右手给蛇画起脚来。这时另外一个人画好了,马上把酒壶抢过去:"你见过蛇有脚吗?所以第一个画好蛇的人不是你而是我!"说完就把酒喝了。"画蛇添足"常用来形容人做了没有必要做的事不仅没有好处,反而多此一举。

狐假虎威 Bully People by Dint of Sb. Else's Influence

"狐假虎威"出自《战国策·楚策一》:"虎求百兽而食之,得狐。狐曰:'子无敢食我也。天帝使我长百兽,今子食我,是逆天帝命也。子以我为不信,吾为子先行,子随我后,观百兽之见我而敢不走乎!'虎以为然,故遂与之行,兽见之皆走。虎不知兽畏己而走也,以为畏狐也。"故事中,狐狸欺骗老虎说自己很厉害,它走在老虎前面别的动物都会害怕,老虎以为别的动物真的是因为害怕狐狸而退让,却不知道动物们害怕的其实是自己。后常用"狐假虎威"来形容本身能力不足,借用别人的威势来壮自己威风的情况,含贬义。

南辕北辙 Poles apart

"南辕北辙"出自《战国策·魏策四》。一个人想驾车去南方,但是却朝北方走,所以他用的车马越好越多,离位于南方的目的地也就越远。"南辕北辙"常用来形容行动和目的正好相反的情况。

呆若木鸡 Be Dumbstruck

"呆若木鸡"出自《庄子·达生》。训练得非常好的斗鸡就像木头做的鸡一样,别的斗鸡看到了,反而不敢攻击它。"呆若木鸡"现在常用来形容一个人因恐惧、惊异而发愣的样子。

井底之蛙 Narrow Vision

"井底之蛙"出自《庄子·秋水》。井底的蛙和东海的鳖对话，井底的蛙对东海的鳖夸耀自己的生活环境，完全不知道井外的世界有多大。"井底之蛙"常用来形容所处环境有限、见识浅薄的人。

杞人忧天 Fear Is Often Greater than the Danger

"杞人忧天"出自《列子·天瑞》："杞国有人，忧天地崩坠，身亡所寄，废寝食者。"这则故事讲述的是杞国有个人，担心天地会崩塌，自己身体没有可以依托的地方，以至于吃不下饭、睡不着觉。"杞人忧天"常用来形容人因担心不太可能发生的事情，而影响眼下的生活和工作。

朝三暮四 Change One's Mind Frequently

"朝三暮四"出自《庄子·齐物论》。有人给猴子喂果子，先和猴子商量说早上给3个，晚上给4个，猴子们都很生气；然后又改成早上给4个，晚上给3个，猴子们就都很满意了。"朝三暮四"原意谓以诈术欺人，后常用来比喻经常变卦，反复无常。

滥竽充数 Fill a Position without the Necessary Qualifications

"滥竽充数"出自《韩非子·内储说上》。战国时期，齐国国君齐宣王喜欢听人吹奏竽，每次都要300人合奏，南郭先生冒充自己擅长吹奏，混在吹奏队伍里。宣王死后，新登基的湣（mǐn）王喜欢听人单独吹奏，于是南郭先生就跑了。"滥竽充数"常用来形容没有水平的人混在内行人中，或拿不好的东西混在好的里面充数，有时也用于自谦。

06 艺术

　　中国艺术源远流长，博大精深，有诸多门类：陶瓷、玉器、青铜器、绘画、书法、建筑、雕塑、音乐、舞蹈、戏剧等。艺术的发展与时代密切相关，一个时代的艺术与其政治制度、宗教信仰、哲学思想、文学潮流、风俗习惯等都是密不可分的，所以艺术品与艺术现象是历史与文化的生动再现。具体说来，中国陶瓷独树一帜并在世界上产生了重要影响，中国玉器具有深刻的文化内涵，中国青铜器引领了一个青铜时代，中国绘画具有神形兼备的美学特征，中国书法意蕴丰富而深刻，中国建筑形制美观且多样，中国雕塑是中外艺术的结晶，中国音乐人文性很强，中国舞蹈刚劲与优美并重，中国戏剧富有人情味和生活气息。艺术伴随着人类的产生而产生，在我们的生活中无所不在，正如法国雕塑家奥古斯特·罗丹（Auguste Rodin）所说："生活中不是缺少美，而是缺少发现美的眼睛。"

　　给学生介绍中国艺术，建议：首先，要讲明中国艺术的基本特征，如神形兼备、虚实相生等；其次，应将中国艺术放入世界艺术的大视野当中，因为艺术是无国界的，越是民族的越是世界的；最后，还应注重实践性，鼓励学生亲身体验，如参观故宫、学习书法、观看京剧、学唱民歌、制作陶艺等。

06-01 建筑

长城 the Great Wall

长城是中国古代的军事防御工程。春秋战国时期，列国争霸，互相防守，长城的修筑进入第一个高峰期，但此时长度比较短。秦灭六国，统一天下后，秦始皇连接和修缮战国长城，始有"万里长城"之称。明朝是最后一个大修长城的朝代，今天人们所看到的长城多为此时修筑。明长城东起辽宁丹东鸭绿江，西至嘉峪关，历代长城总长度超过两万千米，经过辽宁、河北、天津、北京、山西、陕西、内蒙古、宁夏、甘肃、新疆等省、自治区、直辖市。长城对中国人来说是意志、勇气和力量的象征。

三孔 Temple and Cemetery of Confucius and the Kong Family Mansion

"三孔"是孔府、孔庙、孔林的简称，位于山东省曲阜市。孔府建于宋代，是孔子嫡系子孙居住之地，共有九进院落，包括厅、堂、楼、轩等，旧称"衍圣公府"。孔庙是纪念孔子的祠庙建筑，始建于孔子去世后的第二年，即公元前478年，包括三殿、一阁、一坛、三祠、两庑（wǔ）、两堂、两斋、十七亭、五十四门坊，气势十分宏伟。孔林亦称"至圣林"，是孔子及其家族的专用墓地，也是世界上延续时间最长的家族墓地。

少林寺 Shaolin Temple

少林寺是中国武术界有名的寺院，始建于公元495年，因坐落在河南嵩山腹地少室山茂密的丛林中，故名"少林寺"。历代少林武僧专心研究并不断发展少林功夫，少林寺因而名扬天下，民间有着"天下功夫出少林，少林功夫甲天下"的说法。中华人民共和国成立后，少林寺与世界各地的文化交流在规模、频次和范围等方面都得到了提升，吸引了不少来自世界各地的功夫爱好者。

拙政园 Humble Administrator's Garden

拙政园是现存苏州古典园林中面积最大的一座，原为唐代文人陆龟蒙的宅院，元代为大弘寺，明代御史王献臣改建为别墅，起名"拙政园"，典出西晋文人潘岳的《闲居赋序》："于是览止足之分，庶浮云之志，筑室种树，逍遥自得……孝乎惟孝，友于兄弟，此亦拙者之为政也。"拙政园以水景为主，台榭优美，花木繁茂，具有浓郁的江南水乡特色。

布达拉宫 Potala Palace

布达拉宫位于西藏自治区首府拉萨市，高117.19米，共13层，内有宫殿、正厅、灵塔、佛殿、经堂、平台和庭院等，前面有布达拉宫广场。相传公元7世纪，吐蕃第三十三代赞普松赞干布迁都拉萨，始建布达拉宫为王宫。公元9世纪，随着吐蕃王朝的解体，布达拉宫遭冷落。直至公元17世纪，五世达赖建立甘丹颇章王朝政教合一地方政权，布达拉宫得以重建。中华人民共和国成立后，中国政府又数次出资修缮，最终形成今天的规模与面貌。

故宫 Imperial Palace

故宫一般指"北京故宫"，北京故宫旧称"紫禁城"，是明清两代的皇宫，占地72万平方米，有9000多间房屋，墙外有52米宽的护城河环绕。明清两代491年间（从1420年建成故宫至1911年清朝结束），先后有24位皇帝在这里执政并居住。故宫宫殿的建筑布局有外朝、内廷之分。外朝以太和、中和、保和三大殿为中心，是皇帝举行大典、召见群臣的地方。内廷有乾清宫、交泰殿、坤宁宫和东西六宫等，是皇帝处理日常政务和后妃、皇子们居住的地方。故宫是北京城的中心，建筑风格富丽堂皇，充分体现出封建社会皇帝至高无上的权威。1925年，故宫博物院成立，这座帝王宫殿向公众敞开了大门。

太庙 Imperial Ancestral Temple

太庙是明清两代的皇家祖庙，位于北京天安门东侧，始建于明永乐十八年（1420），是中国唯一保存下来的太庙建筑。太庙平面为长方形，中轴线上有前殿、中殿、后殿三座大殿，前殿是皇帝祭祀行礼的地方，中殿供奉历代帝后神位，后殿供奉因年代久远而从中殿迁出的帝后神位。1950年，太庙改为北京市劳动人民文化宫，成为普通百姓举行各种文化活动的场所。

天坛 Temple of Heaven

天坛位于北京城正阳门外，始建于明永乐十八年（1420），是明清两代帝王"祭天"和"祈谷"的地方，主要建筑为圜丘和祈年殿，其间由丹陛桥连接。圜丘由三层圆形露天石坛构成，祈年殿平面造型也为圆形，寓"天圆"之义。祈年殿顶为蓝色琉璃瓦，三重檐逐层收缩，顶尖为鎏（liú）金（表面涂金）宝顶，形成强烈的向上的动感，象征与天相接。殿内4根龙井柱表示四季，中层12根金漆柱表示12个月，外层12根檐柱表示12个时辰。

社稷坛 Altar of Land and Grain

社稷坛位于今北京中山公园，是明清两代帝王祭祀土地神"社"和五谷神"稷"的场所，始建于明永乐十八年（1420）。社稷坛中央为汉白玉石三层方台，铺有五色土，中黄、东青、西白、南红、北黑。五色土是中华传统文化的典型符号，在《山海经》《周礼》《史记》等历史文献中都有记载。以五色土建成的社稷坛象征着古人对土地的崇拜，五种颜色的土壤由全国各地进贡而来，也表示"普天之下，莫非王土"之意。社稷坛是古代帝王拥有江山的象征，"社稷"也因此成为国家政权的代名词。

地坛 Temple of Earth

地坛坐落在北京城安定门外，是明清两代皇帝祭地的场所，也是中国历史上连续祭祀时间最长的地坛，从明嘉靖九年（1530）至清宣统皇帝退位（1911）共381年。明朝前期祭地与祭天同时在天坛举行，嘉靖九年（1530）开始实行四郊分祀制度后才另行建立地坛，始称"方泽坛"，嘉靖十三年（1534）改为地坛。地坛分为内坛和外坛，有皇祇室、斋宫、神库、神厨、宰牲亭、钟楼等建筑，举行祭地大典的方泽坛平面为正方形，与天坛呼应，寓"地方"之义。

明十三陵 Ming Tombs

明十三陵是北京北郊天寿山麓明朝十三代皇帝的陵墓,从明永乐七年(1409)修建长陵起,到清顺治元年(1644)止,建造过程历时200余年,且驻有陵卫(保护皇帝陵墓的军队),定为禁地。整个陵区北、东、西三面环山,13座陵墓依山分布在山谷中。明朝迁都北京后第一代皇帝明成祖(朱棣)的长陵是这座陵墓群的主体,其他十二陵依地势分布于其下首,在平面布局上充分体现出中国帝陵院落式多重进深的古典风格。

承德避暑山庄 Chengde Mountain Resort

承德避暑山庄位于河北省承德市,是清代皇帝避暑和处理政务的场所,始建于康熙四十二年(1703),历经康熙、雍正、乾隆三朝,耗时89年建成。避暑山庄分宫殿区、湖泊区、平原区、山峦区4部分。整个山庄东南多水,西北多山,是中国自然地貌的缩影。避暑山庄东面和北面的山麓分布着壮观的寺庙群,俗称"外八庙"。外八庙以汉式宫殿建筑为基调,吸收了蒙古族、藏族、维吾尔族等民族建筑的风格特色,体现出中国多样统一的寺庙建筑风格。

圆明园 Yuanmingyuan

圆明园是清朝的皇家园林,坐落在北京西北郊,与颐和园相邻,始建于康熙四十八年(1709),是康熙赐给尚未即位的胤(yìn)禛(也就是后来的雍正皇帝)的园林。胤禛登基后进行了拓展,增建"正大光明"殿、"勤政亲贤"殿以避喧听政,乾隆继位后又扩建长春园;嘉庆时则扩充绮春园,将含晖园、寓园等并入绮春园,称"万春园",圆明园的格局基本形成。1860年,圆明园遭英法联军劫掠并被焚毁,成为一片废墟。中华人民共和国成立后,经过多年保护与维修,1988年,圆明园作为遗址公园向公众开放。

颐和园 the Summer Palace

颐和园是清朝皇帝的行宫花园，位于北京西北郊，乾隆十五年（1750）改建，为"清漪园"，后乾隆为庆祝其母60寿辰而建大报恩延寿寺于山上，并将山名改为"万寿山"。光绪十四年（1888），慈禧太后又大兴土木，落成后定名"颐和园"。颐和园北部以万寿山为中心，山上有排云殿与佛香阁等，山下临湖处是彩绘精美的长廊；南部以昆明湖为主体，水面开阔，有龙王庙与万寿山形成对景，又以十七孔桥与东岸联结，西岸则为西堤，建有6座形态各异的小桥。颐和园集中国造园艺术之大成，是中国古代园林艺术的典范。

雍和宫 Yonghe Temple

雍和宫位于北京安定门内，最初是康熙皇帝赐予四子胤禛的府邸，雍正三年（1725）改为行宫，称"雍和宫"。由于乾隆皇帝诞生于此，雍和宫出了两位皇帝，是"龙潜福地"，所以殿宇为黄瓦红墙，规格与紫禁城相同。后来乾隆将雍和宫改为喇嘛庙，特派总理事务王大臣掌管具体事务。雍和宫坐北朝南，融汉族、满族、蒙古族等民族建筑艺术于一体，建筑分东、中、西三路，中路由七进院落和五层殿堂组成中轴线，左右有多种配殿和配楼。万福阁为最高的建筑，阁内供奉着高约26米的弥勒站像，十分威严。

清东陵与清西陵 Eastern and Western Qing Tombs

清东陵与清西陵即清朝皇帝的陵墓。清朝皇帝分葬于河北省遵化市的东陵和易县的西陵，东陵的建筑更为壮观。东陵包括顺治、康熙、乾隆、咸丰、同治的陵墓与15座后陵，其中顺治的孝陵规模最大，乾隆的裕陵建筑雕刻技艺精湛。西陵包括雍正、嘉庆、道光、光绪的陵墓与3座后陵等，其中雍正的泰陵规模最大，道光的慕陵建筑最独特。2000年，清东陵与清西陵被联合国教科文组织列入《世界遗产名录》。

四合院 Siheyuan

四合院是典型的中国传统住宅形式，北面的正房、东西两面的厢房、南面的倒座房围绕中间庭院形成"四合"的布局，院门内或外常有一面短墙一样的附属建筑，称为"影壁"。四合院历史悠久，分布广泛。西周时，其基本形制已初具规模，今天最有代表性的是北京四合院。四合院的典型特征是形制对称规整，功能灵活多样，往大了扩展就是皇帝的宫殿，往小了压缩就是百姓的住宅，富丽堂皇的故宫与简单朴素的农舍都可以说是四合院。

胡同 Hutong

胡同是城镇主要街道之间较小的道路，一直通向居民区的内部。北京的胡同最有名，起源于元代，最多时有 6000 多条。胡同两旁一般是四合院，居住着各种各样的人，不同的胡同有不同的特色。胡同一般离闹市很近，却能闹中取静。北京人对胡同有着特殊的感情，胡同里的邻里关系一般都很融洽。胡同保留下来许多老北京的民俗与风情，具有十分独特的中国传统文化韵味。

徽派民居 Hui-Style Dwelling

徽派民居是为了适应江南山区的自然条件、风俗习惯等因素而历史地发展起来的建筑样式。天井院是典型的徽派民居建筑，平面的基本形制是正方形与长方形，空间序列有独立一单元式、两进单元前后序列式、两进单元并列式等。其中轴对称，正房多为三间制，天井较小而结构紧凑。其雕刻十分精美，主要是木雕与砖雕，题材有龙凤、梅竹、人物等，文化意蕴极其丰富。

蒙古包 Mongolian Yurt

蒙古包是游牧民族居住的一种房屋，建造与搬迁都很方便，很适合牧业生产和游牧生活。蒙古包为圆形尖顶，顶上和四周覆盖着一至两层厚毡。蒙古包有四大结构：支架、天窗、椽（chuán）子、门。在辽阔的大草原上，蒙古包虽外形看起来小，但内部使用面积却很大，而且室内采光条件较好，空气也很通畅，冬暖夏凉。

土楼 Tulou

土楼是一种大型民居建筑，住宅外墙多采用夯（hāng）土承重墙，内部为木构架。土楼有着特殊的历史背景，唐宋以来南迁人士来到山岭重叠、交通闭塞的山地地带并扎根于此，面临着社会战乱与自然界猛兽侵袭的威胁，因此他们沿袭中原的夯土建筑形式，结合当地的特殊地理环境，建造了兼具居住与防御功能的土楼。目前土楼在福建省分布最广、数量最多、品类最丰富、保存最完好，有3000余座，主要在永定、南靖等区、县。从形制上看，土楼分为圆形楼、长方形楼、正方形楼、前圆后方形楼、前方后圆形楼等。

鸟巢 National Stadium

"鸟巢"是中国国家体育场的俗称，位于北京奥林匹克公园中心区南部，为2008年第29届夏季奥林匹克运动会主体育场，此届奥运会的开幕式与闭幕式都是在这里举办的。鸟巢由瑞士著名建筑师雅克·赫尔佐格（Jacques Herzog）和皮埃尔·德梅隆（Pierre De Meuron）与中国建筑师李兴刚等共同设计。建筑的整体形态如同孕育生命的鸟巢，寄托着人类对未来的希望。奥运会后，鸟巢成为人们参加体育活动与进行大型文艺表演的场所，是北京的地标性建筑之一。

中国国家大剧院 National Center for the Performing Arts

中国国家大剧院位于北京天安门广场西侧，既是中国表演艺术的最高殿堂，也是中外艺术交流的最大平台之一。中国国家大剧院由法国建筑师保罗·安德鲁（Paul Andreu）主持设计，内有歌剧院、音乐厅、戏剧场等重要演出场所及展览大厅、交流中心、音像商店等配套设施。中国国家大剧院造型独特，外观为钢结构的半椭圆形，被水波清亮的人工湖环绕，观众要从水下通道进入演出大厅。国家大剧院的设计体现了人与人、人与艺术、人与自然和谐共处的理念。

06-02 绘画

顾恺之 Gu Kaizhi

顾恺之（约345—409）是东晋画家与绘画理论家，晋陵无锡（今江苏无锡）人，诗词文赋俱佳，尤精绘画，人物、山水、花鸟无所不能，线条连绵不绝，如行云流水般流畅。画人物主张传神，尤其重视点睛，且擅于利用环境描绘来表现人物的志趣风度，代表作为《女史箴图》《洛神赋图》等。顾恺之的绘画理论奠定了中国画论的基础，特别强调绘画应注重人物精神世界的表现，认为绘画中最重要的不是形体的美丑，而是对传神的眼睛的描绘，传世画论有《魏晋胜流画赞》《论画》等。

以形写神 Capture the Spirit Beyond the Form

"以形写神"是由东晋时期杰出的画家、画论家顾恺之提出的一种绘画理论，指的是画家在描绘客观对象时，不应当过分追求外在形象的逼真，而应当努力表现描摹对象内在的精神气质。如在人物画中，顾恺之最重视对人物眼睛的描绘。他认为人物的传神靠眼睛来体现，那么人物的动态、衣着、环境等就要在一定程度上服务于眼睛、眼神的刻画，这样不仅能表现人物外在的形体，更能表现人物内在的精神。

《清明上河图》 Along the River During the Qingming Festival

《清明上河图》是北宋宫廷画家张择端的代表作，也是中国十大传世名画之一，现藏于北京故宫博物院。《清明上河图》描绘了清明时节北宋都城汴梁（今河南开封）及汴河两岸的繁华景象与自然风光。作品将复杂的景物纳入统一而富于变化的画面中，画中有500多个人物，衣着不同，神情各异，其间穿插各种活动，富有戏剧性。全图可分为3段来欣赏：首段是汴京郊野的春光，中段是繁忙的汴河码头，末段是热闹的市区街道。《清明上河图》是一幅现实主义的风俗画，具有很高的历史价值和艺术水平。

八大山人 Badashanren

八大山人（1626—1705），本名朱耷（dā），江西南昌人，为明宗室后裔，明亡后出家，一生字号极多，以"八大山人"最为著名。"八大"二字源于《八大人觉经》，意思是"四方四隅，皆我为大，而无大于我也"。再从字形上看，"八大"连草像"哭"又像"笑"，"山人"连草像"之"，四字相连便像"哭之""笑之"，极其形象地体现出八大山人大喜大悲的一生。八大山人一生坎坷，历经国破家亡，常借诗文书画发泄内心郁闷，其画最突出的特点是着墨不多，带有一种清冷的意境。因此，郑板桥评之为"墨点无多泪点多"。传世作品有《墨花图》《牡丹孔雀图》《兰亭诗画册》等。

扬州八怪 Eight Eccentrics of the Yangzhou School

"扬州八怪"是中国清朝乾隆年间扬州地区一批风格相近的书画家的总称，一般指金农、郑燮（xiè）、黄慎、李鱓（shàn）、李方膺、汪士慎、罗聘、高翔。他们的绘画作品很多，流传也很广。据《扬州八怪现存画目》记载，国内外200多家博物馆、美术馆、研究单位共收藏了8000多幅"扬州八怪"的作品。"扬州八怪"中最为著名的画家是郑燮，即郑板桥（1693—1766），他既是画家又是书法家，代表作有《墨竹图》《修竹新篁（huáng）图》等，曾以竹为例阐释绘画创作过程，强调"意在笔先""趣在法外"，因此郑板桥画的竹子极其生动而富有情趣。

郎世宁 Giuseppe Castiglione

郎世宁（1688—1766），意大利米兰人，天主教耶稣会传教士、画家、建筑家。他于1715年抵达中国，后成为宫廷画师，历经康熙、雍正、乾隆三朝，并参与圆明园欧式建筑的设计工作。郎世宁绘画以西洋画法为主、中国技法为辅，擅长肖像、花鸟、走兽。传世作品有《春郊阅骏图》《松鹤图》《百骏图》等。

齐白石 Qi Baishi

齐白石（1864—1957）是一位在继承古代绘画艺术基础上大胆创新的画

家，作品以写实为主，尤其擅于画虾。他开始以学习工笔画为主，绘画的立意、布局、用笔、设色都很注意法度，后转入以写生为主，改用大写意笔法。60岁左右又进行了"衰年变法"，听从著名美术家陈师曾"要自出新意，变通画法，要独创风格，不必求媚世俗"的建议，在绘画中融入了更多现实生活中的美与自身的体验。"变法"获得成功，齐白石的作品更加具有艺术魅力。

徐悲鸿 Xu Beihong

徐悲鸿（1895—1953），江苏宜兴人，杰出的画家和美术教育家，是中国现代美术事业的奠基者之一，在绘画技法上融会中西。徐悲鸿陆续创作出取材于历史事实或古代寓言的巨幅绘画，如国画《九方皋（gāo）》表达了希望礼遇人才的愿望，油画《徯（xī）我后》表达了民众对贤君的渴望之情，国画《愚公移山》赞誉了顽强的意志和取胜的决心。此外，他还创作了《巴人汲（jí）水》《漓江春雨》等现实题材和山水题材的作品。

06-03 书法

王羲之 Wang Xizhi

王羲之（303—361），琅琊临沂（今属山东）人，中国东晋书法家与文学家，自幼学习书法，遍学众家，且十分注重师法自然，曾整日在水边观鹅，将鹅的神态融入书法中。王羲之的代表作是《兰亭序》，全文仅28行，共324字，却变化无穷，其特点为：第一，天然的布白，采取"纵有行，横无列"的方式，颇具天然之美；第二，多变的结构，不求均匀而强调对比，文中20个"之"字无一雷同；第三，繁复的用笔，看似无法而万法皆备。《兰亭序》中的布白、结构、用笔相得益彰，被誉为"天下第一行书"。

魏碑 Tablet Inscriptions of the Northern Dynasties

魏碑是中国东晋十六国和南北朝时期石刻书迹的统称，主要有碑刻、墓志、造像题记、摩崖刻石等，此时的书法是一种承先启后、继往开来的过渡性书法体系，风格多样，著名的有《郑文公碑》《张猛龙碑》《元怀墓志》《张玄墓志》等。魏碑上承汉隶传统，下启唐楷新风，为现代汉字的结体与笔法奠定了基础。

欧阳询 Ouyang Xun

欧阳询（557—641），潭州临湘（今湖南长沙）人，唐朝书法家，"楷书四大家"之一，其书作被称为"欧体"。他的代表楷书作品有《九成宫醴（lǐ）泉铭》《化度寺碑》等，行书作品有《仲尼梦奠帖》《千字文》等，著有书法论著《八诀》《传授诀》《用笔论》《三十六法》等，比较具体地总结了书法用笔、结体、章法等书法形式技巧和美学要求，是中国书法理论的重要著述。

颠张狂素 The Crazy Zhang and Su

"颠张狂素"指的是盛唐时期的张旭（生卒年不详）和中唐时期的怀素（737—799），他们都是在草书上有独特风格与创造性的书法家。张旭的草书奔放不羁，有"急雨骤风"之势；怀素的草书变化奇幻，有"风趋电疾"之势。书法史上将两人称为"颠张狂素"。北宋著名书法家黄庭坚对他们的评价是"此两人者，一代草书之冠冕也"，充分肯定了张旭、怀素在草书上的成就。

颜筋柳骨 The Robustness of Yan's Calligraphy and the gracefulness of Liu's calligraphy

"颜筋柳骨"中的"颜"与"柳"指唐代书法家颜真卿与柳公权，他们是中国书法史上著名的"楷书四大家"中的两位。"楷书四大家"指的是初唐欧阳询、盛唐颜真卿、晚唐柳公权、元朝赵孟頫（fǔ），其书体分别为欧体、颜体、柳体、赵体。颜真卿的书法筋力丰满，柳公权的书法骨力劲健，二人的书法都十分挺劲有力，所以有"颜筋柳骨"之称。

颜真卿 Yan Zhenqing

颜真卿（709—784），唐朝著名大臣与书法家，京兆万年（今陕西西安)人,书法极其精妙,尤以楷书、行书著称,代表作有《多宝塔碑》《祭侄文稿》等。颜真卿创"颜体"楷书,对后世影响很大,结字由初唐的瘦长变为方形,方中见圆,具有向心力,用笔浑厚强劲,风格大气磅礴,具有盛唐气象。他的行书遒劲有力、点画飞扬,是一种真情实感的流露,被视为书法美与人格美完美结合的典范。

柳公权 Liu Gongquan

柳公权(778—865),唐朝书法家、诗人,京兆华原(今陕西铜川市耀州区)人,其书初学王羲之,后遍观唐代名家书法,吸取颜真卿、欧阳询之长,自创"柳体"楷书,独树一帜,以骨力劲健见长,与颜真卿齐名,后世有"颜筋柳骨"的美誉,有碑刻《金刚经》《玄秘塔碑》《神策军碑》、行草《伏审帖》《十六日帖》《辱向帖》等流传于世。

米芾 Mi Fu

米芾(1052—1108),北宋著名画家、书法家、书画理论家,曾任校书郎、书画学博士、礼部员外郎。米芾的书画因个性独特而自成一家,尤其是山水画独具风格,首创"米点山水",突破用线与墨相结合的泼墨山水,多用水墨点染,墨色晕染后形成含蓄、空蒙的画面效果。米芾在书法上也造诣颇深,擅长篆、隶、楷、行、草各种书体,其中行书成就最高。主要作品有《研山铭》《蜀素帖》《多景楼诗册》等。

赵孟頫 Zhao Mengfu

赵孟頫(1254—1322)是宋末至元初的著名书法家与画家,湖州(今属浙江)人,博学多才,其书法篆、隶、楷、行、草无所不精,其绘画山水、人物、竹石、鸟兽均富盛名,提出"书画本来同"的口号,以书法入画,使绘画的文人气质更加浓烈,更有韵味。赵孟頫传世书迹较多,有《洛神赋》《道德经》《四体千字文》等,画作有《蜀道难》《人马图》等。赵孟頫的字体规整且便于书写,因此风行几百年而不衰。他在绘画形式上也有独创,是最先在画上题诗,将"诗、书、画、印"合为一体的书画家。

董其昌 Dong Qichang

董其昌（1555—1636），松江华亭（今上海）人，明朝著名书画家，擅画山水，风格古朴典雅。董其昌的书法成就也很高，融合晋、唐、宋、元各家的书风自成一体，可以说是集古法之大成。据《明史·文苑传》记载，在当时他已"名闻外国，尺素短札，流布人间，争购宝之"。董其昌传世作品有《岩居图》《秋兴八景图册》《白居易琵琶行》《草书诗册》等。

文房四宝 Four Treasures of the Study

文房即书房，文房四宝指书房中用于书写或绘画的四件用品，即笔、墨、纸、砚。纸一般是手工纸，质地柔韧、洁白平滑、吸水力强，如产于安徽泾（jīng）县（唐代属宣州）的宣纸等；笔是传统的毛笔，多以动物的毛制成，如产于浙江湖州的湖笔等；墨是书写、绘画的色料，未使用时是固体，使用时用水研磨，如产于安徽歙（shè）县（旧为徽州府治）的徽墨等；砚俗称砚台，是书写、绘画时研磨色料的工具，如产于广东肇（zhào）庆（旧属端州）的端砚等。

06-04 雕塑

兵马俑 Terracotta Warriors

兵马俑是秦始皇陵兵马俑的简称，在今陕西西安被发现，主要出土于1974年发现的一号坑和1976年发现的二、三号坑，三个坑内共有陶俑、陶马约8000件。一号坑以步兵为主，战车与步兵相间排列为长方形军阵；二号坑是弩兵、骑兵、步兵、战车混合排列的曲形阵；三号坑是军阵统帅的指挥部。俑的种类繁多，因职位、兵种不同而装束、姿态各异，但都威武雄壮，组成了宏大的军阵，场面极其壮观。

马踏飞燕 Bronze Galloping Horse Treading on a Flying Swallow

马踏飞燕指1969年在甘肃武威出土的汉晋时期的青铜雕塑，亦称"铜奔马"。这件铜奔马体态健美，昂首扬尾，张口嘶鸣，三足腾空，右后蹄踏着一只飞燕，造型极为独特。中国古人运用现实主义与浪漫主义相结合的艺术手法，以丰富的想象力和精湛的技艺把奔马和飞鸟绝妙地结合在一起。这一雕塑不仅造型生动，而且巧妙地使奔马的重心集中在蹄下的飞鸟上，表现出蓬勃的生命力和一往无前的气势。现藏于甘肃省博物馆。

06-05 音乐

雅乐与燕乐 Fine Music and Banquet Music

雅乐与燕乐都是中国古代宫廷音乐。雅乐即典雅纯正的音乐，在帝王举行朝贺、祭祀天地等大典时使用。雅乐体系定于西周之初，与法律和礼仪共同构成贵族统治的支柱，此后一直是东亚乐舞文化的重要组成部分。燕乐是中国隋唐至宋代宫廷宴饮时供娱乐欣赏的歌舞音乐，又称"宴乐"，包括多种形式，如声乐、器乐、舞蹈、百戏等。

《乐记》 Record of Music

《乐记》是中国较早的具有完整体系的音乐理论著作，总结了先秦时期儒家的音乐美学思想，其成书年代及其作者有两种说法：其一认为其成书于战国时期，作者是孔子的再传弟子公孙尼子；其二认为是由汉儒将先秦诸家有关音乐的言论汇编而成，由刘德撰写。《乐记》的主要内容：第一，音乐的本质是表达思想感情，"凡音而起，由人心生也，人心之动，物使之然也"；第二，音乐具有很强的政治与社会功能，应使音乐与朝政治理、伦理教育结合起来；第三，音乐给人的美感与愉悦感是人类生活不可缺少的一部分。

《高山流水》 Lofty Mountains and Flowing Water

《高山流水》是中国古琴曲，为中国十大古曲之一。传说先秦的琴师伯牙有一次在荒山野地里弹琴，樵夫钟子期竟能领会他弹的曲子描绘的是

"峨峨兮若泰山"和"洋洋兮若江河"。伯牙惊道："善哉，子之心而与吾心同。"钟子期死后，伯牙感到失去了知音，破琴绝弦，终生不弹。因此有"高山流水"之说，既比喻乐曲高妙，也比喻知己难得。

民乐 National Musical Instruments

民乐是民族乐器和民族音乐的统称。中国的民族乐器种类很多：吹奏乐器有笛、唢呐、芦笙等，弹拨乐器有筝、琵琶、古琴等，打击乐器有编钟、铜鼓、象脚鼓等，拉弦乐器有二胡、京胡、马头琴等。中国民族乐器有着独特的艺术感染力，如二胡演奏的《梁祝》（中国古代著名爱情故事《梁山伯与祝英台》的简称）就被誉为"中国民乐经典"，后来又被改编为小提琴协奏曲，风靡全球。

民歌 Folk Song

民歌是人民群众在生活中经过广泛的传唱而发展起来的歌曲艺术，内容十分丰富，有劳动歌、时政歌、仪式歌、情歌、儿歌等许多种类，形式上更是多种多样，如流行于陕北一带的"信天游"和流行于中国青海、甘肃、宁夏等地的"花儿"等。中国最著名的民歌当属《茉莉花》了，它起源于民间传唱百年的《鲜花调》，由作曲家何仿于1957年进行了词曲改编并发行，而后风靡世界。此曲先后在香港回归祖国政权交接仪式、雅典奥运会闭幕式、北京奥运会开幕式等重大场合演出，已成为中国文化的一个代表性元素。

编钟 Chime Bells

编钟是具有悠久历史的击奏体鸣乐器，它将乐钟依大小和音高次序编组悬挂在钟架上，用木槌敲击进行演奏。最著名的编钟是曾侯乙编钟，曾侯乙编钟1978年出土于湖北随县（今随州市）擂鼓墩1号墓，由64件钟和1件镈（bó）组成，总重达2500多千克，是迄今所见规模最大的编钟。该编钟一钟双音，音域很宽，只比现代钢琴差一个八度，钟架设计也很精美气派。

古琴 *Guqin*

古琴是中国传统的弹拨乐器,早在周代就已盛行,关于琴的创制者有"伏羲作琴""神农作琴"等传说,《诗经》也有"窈窕淑女,琴瑟友之"的诗句。古琴琴身为狭长的木制音箱,底板的大小出音孔和圆形脚分别称"龙池""凤沼""雁足",琴头(较琴尾略宽)有"额""龙舌""掌凫(fú)""岳山""承露""轸(zhěn)池""弦眼"等,近琴头处有"肩",近琴尾处有"腰",琴尾有"龙龈"。古琴是高雅之器,讲究弹奏之道,演奏前要沐浴焚香,演奏方法是将古琴置于琴桌上,演奏者离琴半尺,对琴而坐,右手在琴头弹弦,左手在琴腰、琴尾按弦。这些讲究不全是为了音乐效果,还为了展示优雅大气的姿态。

二胡 *Erhu*

二胡,即二弦胡琴,是一种擦奏弦鸣乐器,始于唐朝。用二胡演奏的名曲有《二泉映月》《听松》《赛马》等。《二泉映月》是中国民间音乐家华彦钧(阿炳)的代表作,20世纪50年代音乐家杨荫浏等根据录音记谱整理,灌制成唱片后很快流行起来。这首乐曲是阿炳生活的真实写照,他把自己的所见、所闻、所感、所想化作一串串扣人心弦、催人泪下的音符,充分体现出二胡艺术的表现力,曾获"20世纪华人音乐经典作品奖"。

《十二木卡姆》*Twelve Muqam*

木卡姆是主要流传于中国新疆维吾尔自治区维吾尔族、乌孜别克族民间,也曾经或依然存在于塔吉克族民间和亚洲中部、南部、西部,以及非洲北部地区的一种音乐形式。《十二木卡姆》包括58首叙诵歌曲、46首叙事歌曲、94首器乐曲、83首歌舞曲,全部演唱需要20余小时。它主要流传于南部新疆喀什、莎车、和田、库车一带及北部新疆伊犁地区,被视作是维吾尔族木卡姆的代表。

长调 Long Tune

长调是蒙古族一种具有鲜明游牧文化特征的演唱形式,表达了对大自然与人类文化的理解与感悟。长调在音乐上的主要特征是唱腔舒展，高亢奔放，不少乐句都有一个长长的拖音和起伏的颤音。演唱过程只能根据演唱者自己的生活积累和对自然与人生的感悟来把握，不能像短调歌曲那样按节拍进行固定的艺术表达。也就是说，不同的人演唱长调时节律各不相同，每个人的演唱都是自己真实情感的宣泄。

邓丽君 Deng Lijun

邓丽君是20世纪80年代华语乐坛最有影响力的歌手之一，在中国流行音乐史上起着重要的承前启后作用，她以独具风格的邓式唱腔和炉火纯青的演唱技巧带领人们走进真、善、美的艺术境界。邓丽君的歌曲在许多国家都受到了热烈欢迎，她可以用中国的普通话、粤语、闽南语，以及日语、英语娴熟自如地演唱。代表曲目有《月亮代表我的心》《甜蜜蜜》《小城故事》等。

《霓裳羽衣曲》 The Music and Dance of Rainbow-Coloured and Feathered Costumes

《霓裳羽衣曲》是由音乐、舞蹈和歌曲组成的乐舞套曲，有传说其为唐玄宗李隆基所作，有着浓郁的求仙成道思想。根据唐朝诗人白居易《霓裳羽衣歌》自注可知，全曲共分3个部分：第一部分为散序，音乐节奏自由舒缓，无舞；第二部分为中序，表现的是上着羽衣、下着彩虹裙的仙女形象；第三部分为曲破，音乐节奏加快，舞蹈动作渐促，在高潮中突然停止。该舞的独舞以杨玉环的表演最为著名。白居易曾赞《霓裳羽衣曲》："千歌万舞不可数，就中最爱霓裳舞。"

06-06 舞蹈

傣族孔雀舞 Peacock Dance of the Dai Ethnic Group

傣族的孔雀舞是最负盛名的中国传统民间舞蹈之一，流行于云南西双版纳等傣族聚居地区。关于孔雀舞的传说很多，傣族又有不同的支系，因而孔雀舞虽有较固定的表演程式，但在不同时期、不同地域还是有差异的，形成了不同的流派。傣族人民把孔雀当作美好与幸福的化身，因而村村寨寨都有擅长跳孔雀舞的人。

苗族锦鸡舞 Golden Pheasant Dance of the Miao Ethnic Group

苗族锦鸡舞源于贵州省丹寨县，属于芦笙乐舞，芦笙与锦鸡舞互为载体，密切相关。其服饰特点主要体现在女性盛装上，锦鸡舞盛装绚丽多彩，具有古朴典雅的苗族特色。在表演锦鸡舞时，男性吹奏芦笙在前面领舞，女性则随芦笙曲调的变化而翩翩起舞。锦鸡舞的腿上动作多，基本特点是腰、膝的自然摇动，舞蹈动作以四步舞为主，兼以六步舞转身。苗族锦鸡舞分为怀祖舞、邀约舞、欢跳舞和散场舞等。

《千手观音》 Thousand-Hand Bodhisattva

《千手观音》是由张继钢编导的大型舞蹈，中国残疾人艺术团在2005年中央电视台春节联欢晚会上演出，给人以独特的视觉享受与心灵震撼。艺术团这些生活在无声世界中的女孩子将《千手观音》表演得十分完美，演出时4个手语老师分别站在舞台四角，用手语传达出音乐节奏，演员们随之展示出优美的舞姿。

06-07 戏剧

傩戏 Nuo Opera

傩戏是中国戏曲的重要剧种，为祭祀内容与戏剧形式的结合，从本质上讲，其核心部分始终未脱离原始宗教。现存傩戏主要有歌、舞及小戏，较为松散地夹杂在傩活动中，唱、念、做、打等戏剧表演手段各自独立，如表演中常出现"歌时不舞，舞时不歌"的情形。观众常常为其中的技艺等惊叹欢呼，然而注意力却不一定很集中，与那种对戏剧本身的观赏是两种不同的感情投入。

梨园 Pear Garden

梨园是唐代训练乐工的机构。据《新唐书·礼乐志》记载："玄宗既知音律，又酷爱法曲，选坐部伎子弟三百，教于梨园。声有误者，帝必觉而正之，号'皇帝梨园弟子'。"梨园的主要职责是训练乐器演奏人员，与专司礼乐的太常寺和充任串演歌舞散乐的内外教坊三足鼎立。后世将戏曲界习称为"梨园界"或"梨园行"，戏曲演员常自称为"梨园弟子"。

皮影戏 Shadow Play

皮影戏是用灯光照射兽皮或纸板做成的人物剪影以表演故事的戏剧。中国皮影戏在北宋时已有演出，至清代发展到鼎盛。表演时，艺人在白色幕布后面一边操纵戏曲人物，一边用曲调唱述故事，同时配以打击乐器和弦乐，具有浓郁的乡土气息。陕西皮影戏、唐山皮影戏等是中国皮影戏的代表流派。中国皮影戏的剧目以神话传说与历史故事为主，如《游西湖》《花木兰》等。据说，13世纪皮影戏陆续传到了中东和欧洲一些国家。

昆曲 *Kunqu*

昆曲是明朝中叶至清朝中叶戏曲中影响较大的声腔剧种，以其为基础又发展起来很多剧种，因此昆曲被称为"百戏之祖""百戏之师"。昆曲表演有着独特的体系和风格，最大的特点是唱腔与身段都很优美。昆曲曲文继承了宋词、元曲的传统，曲牌有许多与宋词、元曲相同，这为昆曲的发展打下了良好的文化基础，同时也造就了一大批杰出的昆曲作家，如汤显祖、李渔等。2001年，昆曲被联合国教科文组织认定为"人类口头和非物质遗产代表作"。

京剧 Beijing Opera

京剧形成于清代道光年间，又称"京戏"。清乾隆五十五年（1790）始，徽班陆续进京演出，第一个到北京的是三庆班，被誉为京中"徽班鼻祖"，之后四喜班、春台班、和春班等进京，这在戏剧史上被称为"徽班进京"。在京期间，四大徽班在徽剧的基础上吸收了其他剧种如秦腔、昆曲、汉剧等的长处，创立了一个新剧种——京剧。在没有电影与电视的时代，听戏成为人们生活中不可或缺的内容。更有划时代意义的是，中国的第一部电影就是1905年拍摄的京剧电影《定军山》。2010年，京剧被联合国教科文组织列入人类非物质文化遗产代表性项目名录。

脸谱 Types of Facial Make-Up in Chinese Opera

脸谱是中国戏曲中常用的表现人物性格的化妆手法，一般用于净、丑角色，生、旦角色很少采用。不同颜色的脸谱具有不同的文化内涵：红脸象征忠义耿直，如《单刀会》里的关羽；黑脸象征威武豪爽，如《芦花荡》里的张飞；白脸象征奸诈多疑，如《群英会》里的曹操；黄脸象征勇猛暴躁，如《战宛城》里的典韦；蓝脸象征刚直不驯，如《连环套》里的窦尔墩；紫脸象征肃穆稳重，如《二进宫》中的徐延昭；金脸象征威武庄严，如《闹天宫》里的如来佛。

梅兰芳 Mei Lanfang

梅兰芳（1894—1961）是中国杰出的京剧、昆曲表演艺术家，"四大名旦"之首，另外三人为程砚秋、尚小云、荀慧生。梅兰芳是"梅派"艺术创始人，代表剧目有京剧《贵妃醉酒》《霸王别姬》等，昆曲《游园惊梦》《断桥》等。其所著论文编为《梅兰芳文集》，演出剧目编为《梅兰芳演出剧本选集》。梅兰芳曾于1929年率团访问美国，第一次将神奇的东方戏剧展现在西方人面前，且先后在华盛顿、芝加哥、洛杉矶等地演出，大受欢迎。

话剧 Stage Play

话剧是以对话方式为主的戏剧形式，起源于西方。19世纪末，中国在传统戏剧改革和西方戏剧进入的双重影响下出现了具有话剧基本形态的学生演剧。20世纪初，在日本新派剧等多方影响下，中国早期话剧诞生，又有"新剧""文明戏"等称呼。1906年，中国留日学生李叔同、曾孝谷在东京创办春柳社。1907年，王钟声、徐半梅在上海创办春阳社。中国话剧由此诞生。1928年，戏剧家洪深提议把它定名为"话剧"，表现出这种新兴的戏剧形式与中国戏曲、歌剧、舞剧等剧种的本质区别。

北京人民艺术剧院 Beijing People's Art Theater

北京人民艺术剧院是一个驰名中外的具有独特表演风格的专业话剧院，简称"人艺"，创建于 1952 年，首任院长为著名剧作家曹禺。人艺演出的剧目丰富多彩，经典剧目有曹禺的《雷雨》《日出》《北京人》，老舍的《茶馆》《龙须沟》，何冀平的《天下第一楼》《甲子园》等。北京人民艺术剧院始终坚持现实主义创作道路，重视从中外各种戏剧流派中吸取营养，形成了人物形象鲜明、生活气息浓郁、民族特色突出的艺术风格。

06—08 器物

彩陶 Painted Pottery

彩陶一般指产生于新石器时代的、以彩绘图案装饰的陶器，纹样主要有动物、植物、人形、几何形等，视觉效果十分古朴。中国的彩陶产生于公元前 6000 年左右，以仰韶文化的彩陶最为著名，仰韶文化的彩陶为磨光红陶，早期绘黑彩，纹饰图案简单；中、晚期先涂白色陶衣，后绘黑彩、红彩或黑红两色彩，流行花卉和几何形图案。马家窑文化则是中国史前彩陶最繁荣的文化，其彩陶是在红色陶器上以黑色或黑红两色绘出复杂的几何形图案。

红山文化玉龙 Jade Dragon of Hongshan Culture

红山文化玉龙指在红山文化（发源于今内蒙古的新石器时代文化）遗址中发现的玉龙，造型简洁，雕琢精美，是迄今为止发现的最早的玉龙。红山玉龙通高 26 厘米，墨绿色，身体蜷曲为椭圆形，产生了一种飞腾的效果。龙是中华民族精神的象征，它的身上寄托了力量、希望和中国人对美好生活的憧憬。

良渚文化玉琮 Jade *Cong* of Liangzhu Culture

良渚文化玉琮是良渚文化的典型器物，显示出中国史前玉器工艺的极高水平。玉琮是一种带有神秘色彩的礼器，既用来祭祀大地，也是权威的一种象征。1986年在浙江余杭出土的反山墓地玉琮反映了"天圆地方"的思想，琮体内圆外方，器表刻画的神徽图像可能是多个氏族图腾符号演变而成的，对称工整，独具匠心。良渚文化玉器工艺水平很高，其兽面纹饰与后来商朝青铜器上的饕（tāo）餮（tiè）纹可能有渊源关系。

殷墟玉凤 Jade Phoenix of Yinxu

殷墟玉凤是商朝的玉器，1976年出土于年河南安阳殷墟妇好墓。殷墟位于今河南安阳西北郊，是商朝故都。殷王武丁配偶妇好墓中出土的玉器数量众多，品类齐全，礼器、仪仗、工具、生活用具、装饰品及杂器等一应俱全，玉凤是其中的代表性作品，也是迄今为止发现的最早的玉凤。这件玉凤好像振翅欲飞，形象十分生动。

后母戊鼎 Houmuwuding

后母戊鼎是到目前为止发现的世界上最大的古青铜器，因其内有铭文"后母戊"三字而得名，是商王文丁为祭祀其母戊所制。后母戊鼎为长方形，高133厘米，重832.84千克。鼎上的纹饰主要由兽面、夔（kuí）龙和牛、虎等形象组成。鼎腹四面中心为素面，四周环以夔龙，正中的上下两两相对的夔龙合为双身一首的兽面。后母戊鼎反映了商代青铜器铸造工艺的高超水平。

四羊方尊 Four-Goat Square Zun

四羊方尊是商朝晚期青铜礼器，1938年出土于湖南宁乡，是商代青铜方尊中的杰出作品。高58.3厘米，重34.5千克，上口最大口径44.4厘米。四羊方尊肩部四角是4个卷角羊头，羊身则附着于尊腹部及圈足上，在造型与装饰上将平面图像和立体雕塑结合起来，可以说是巧夺天工。

利簋 Ligui

利簋是为庆祝商周之际牧野之战的胜利而制造的青铜器。牧野之战是周武王战胜商纣王的战役，作战时间是公元前1046年。利簋内底刻着周武王讨伐商纣前占卜问神的铭文，共32字，大意是：武王伐纣，在甲子日黎明，对伐商能否取得胜利进行了卜问，征兆很好，当天周朝的军队能一举打败商朝的军队。八天后之辛未日，武王赐给右史利青铜，利觉得很荣耀，便铸造此簋作为纪念。

莲鹤方壶 Lotus and Crane Square Pot

莲鹤方壶是春秋时期的青铜器，整体近似方形，盖顶是盛开的莲花，花中立着一只展翅欲飞的仙鹤，两侧以一对回首卷尾的龙形圆雕作为壶的双耳，底部以两只卧虎作为支撑。春秋时期是人性张扬的时代，莲鹤方壶不仅是可用之器、可赏之物，更是时代精神的象征。

瓷器 Porcelain

瓷器是以长石、高岭土等为原料烧制而成，外表有釉或彩绘的黏土类制品，可分为硬瓷和软瓷两大类。瓷器是中国古代的伟大发明之一，关于瓷器起源的说法暂未有定论。中国瓷器以青瓷、白瓷和彩瓷为主要品种。青瓷在唐代臻于成熟，以越窑为最著；白瓷以邢窑为最著。明代以后，景德镇窑成为瓷业中心。

窑变 Kiln Transmutation

窑变是瓷器经火烧而产生的特殊的艺术效果，由于窑中含有多种呈色元素，瓷器出窑后时常色彩多样，展现出意想不到的效果，因此俗话说"窑变无双"。窑变在唐代青瓷上偶尔出现，至宋代日渐成熟。宋代有"五大名窑"之说，指钧窑、汝窑、官窑、定窑、哥窑。位于河南禹州的钧窑以生产铜红窑变瓷器著称，宋徽宗将其列为御用珍品，并册封为"神钧宝瓷"，民间亦有"纵有家财万贯，不如钧瓷一片"之说。

青花瓷 Blue and White Porcelain

青花瓷是中国瓷器的主流品种之一，只有蓝白两种颜色，却给人以美不胜收的感觉。中国瓷都景德镇因青花瓷器而兴起，并在此基础上长盛不衰。原始青花于唐宋已出现，至元代成熟，明代青花成为瓷器的主流，清代青花则发展到高峰。青花瓷装饰以毛笔手绘，具有类似水墨画的审美特征，深受人们喜爱。

唐三彩 Tri-Colored Glazed Pottery of Tang Dynasty

唐三彩有时指唐代陶器和陶俑上的釉色，不只限于三种色彩，除白色（一般微带黄色）外，还有浅黄、浅绿、蓝色等；有时也用以指有这种釉色的陶制物。这种陶制物有如下特点：第一，出土器物的时间和地点较明确，时间是大唐盛世，地点在当时的都城长安和东都洛阳一带；第二，集中外制造工艺于一体，是大唐盛世开放自由、对异域文化兼收并蓄的结果；第三，釉彩华美而富于变化，具有溢彩流光的效果；第四，类别多种多样，主要有人物俑、动物俑、生活用具和建筑模型。

紫砂壶 Boccaro Teapot

紫砂壶是中国特有的手工制造陶土工艺品，以紫砂泥为原料，主要产地在江苏宜兴。大多数情况下，认为紫砂壶的制作始于宋代，但也有人认为紫砂壶的创始人是明代的供春。清代陈鸣远是清初著名的紫砂艺人，壶艺风格文丽纤巧，在壶上亲自题词铭刻，功夫独到。陈鸣远丰富了紫砂的造型，发展了紫砂的工艺，其作品在国内外均有留传。

渎山大玉海 Dushandayuhai

渎山大玉海是1265年忽必烈令玉匠制成的，意在反映版图之辽阔、国力之强盛。玉海重达3500千克，由一整块巨大的椭圆形玉石精雕细刻而成，内膛深55厘米，用于贮酒。外部为波涛汹涌的大海图案，还有出没于波涛中的龙、鹿等动物形象。整个作品气势磅礴，既有写实特征，又有浪漫色彩。

珐琅彩 Color Enamel

珐琅彩是中国清代的彩绘陶瓷品种，清康熙时开始烧造，雍正、乾隆时期进一步发展。珐琅彩以富含硼（péng）的珐琅料在瓷胎上绘画图案，然后入窑烘烤。开始时，珐琅彩使用的彩料来自西方，后来宫廷已经可以自制珐琅料。珐琅彩产量不高，基本上用于赏赐，所以非常名贵。

景泰蓝 Cloisonné (Enamel)

景泰蓝又称"铜胎掐丝珐琅",是一种著名的金属工艺品,初创时只有蓝色,且制作技艺在明代景泰年间达到了巅峰,故称之为"景泰蓝"。景泰蓝集青铜、陶瓷、绘画、雕塑技艺与国外掐丝珐琅工艺为一体,生产工序主要有设计、制胎、掐丝、焊丝、点蓝、烧蓝、磨光、镀金等。景泰蓝制作工艺复杂,成本高昂,因此明清时期主要在宫廷中制作,清代后期才作为商品出现在市场上。作为中国独特的艺术品,景泰蓝一直出口海外,现在也是国内外馈赠亲朋好友的上好礼品。

《大禹治水图》玉山 Jade Carving of *Dayu's Flood Control*

《大禹治水图》玉山是清朝乾隆时期最有代表性的玉器,高224厘米,最宽处96厘米,重约5000千克,是目前发现的中国古代最大的玉器,在乾隆帝的亲自筹划下雕琢而成。乾隆借古喻今,以显示自己法先王的圣绩,正如他的题诗所云,"功垂万古德万古"和"重器千秋难败毁"。乾隆帝对这座玉山极其珍爱,在其正面印上"五福五代堂古稀天子宝"大方印,把它当作自己一生功绩的总结。

07 语言文字

汉语是世界上最古老的语言之一，发展历史悠久，使用人数众多。随着中国经济的发展和国际地位的提高，越来越多的外国人开始学习汉语。汉语有古代汉语与现代汉语之分，一般认为五四时期的白话文运动是两者之间的重要分水岭。在古代汉语时期，书面语即为"文言文"，与口语很不一致，文言文有比较统一的格式和文体，普通人读起来比较困难。白话文运动以后，口语和书面语不一致的现象得以改变，一般情况下二者是相同或相近的。汉字是迄今为止连续使用时间最长的文字之一，也是世界各大文字体系中唯一传承至今的文字。中国历代都以汉字为主要的官方文字，汉字也被日本、朝鲜、越南等邻国使用，形成了所谓的"汉字文化圈"。中华人民共和国成立后，为加强社会统一和人与人之间的交流，同时为了扫除文盲、普及教育，1982年，"国家推广全国通用的普通话"载入《中华人民共和国宪法》，并确定为一项基本国策。

给学生讲授汉语知识，建议：首先，应注重不同语言之间的共性与个性，汉语有其特殊性，应充分注重汉语的独特之处，如汉字的具象起源与抽象发展；其次，尽可能从语言上升到语言学的高度，让学生掌握汉语的基础知识与基本规律，以便他们能够举一反三、触类旁通；最后，还要关注汉语的艺术性，语言不仅是一种工具，还是一门艺术，如唐代王维的诗《画》(远看山有色，近听水无声。春去花还在，人来鸟不惊)，就用语言营造出了独特的意境。

07-01 语言

雅言 Standard Language in Ancient China

雅言是中国周代华夏族的通用语，性质相当于现在所使用的普通话。其音系为上古音系，至今已无方言可完整对应。据考证，雅言最初是泛指夏朝时以洛阳为中心的中原地区所使用的官话。周朝以后，随着各朝国都的迁移，雅言的基础方言也随之修正，历代正统王朝都不遗余力地推广雅言。雅言在唐宋时期发展到了最高峰，达到了一字一音的程度。同时，唐诗宋词作品的大量涌现与传播，也使得周边国家争相学习雅言。

方言 Dialect

方言俗称"地方话"，是一种语言的地域变体。现代汉语的各种方言大都经历了漫长的演变过程才逐渐形成，既受客观因素如社会、历史、地理的影响，又受语言自身发展规律的影响。方言本身就有完整的系统，包括语音结构系统、词汇结构系统和语法结构系统，能够满足本地区的社会交际需要。一般认为现代汉语有七大方言，即官话（北方方言）、吴方言、湘方言、客家方言、闽方言、赣（gàn）方言、粤方言。粤方言也称"粤语"，有九声六调，较多地保留了古汉语特征，拥有完善的文字系统，是除普通话外唯一在海外大学中有独立研究的中国汉语方言。

文言文 Writings in Classical Chinese

文言文指用中国古代书面语言写成的文章，文体众多，按文章是否运用韵律可分成两大类：不用韵律的一般为散文，用韵律的则为韵文或骈文。具体而言，从先秦诸子、两汉辞赋、史传散文到唐宋古文、明清八股均属于文言文的范围。古人注重在文章传递思想的功用与声律辞藻等形式上的美感之间寻求平衡，但常因时代需要重视一端而忽视另一端，如著名的唐宋八大家就是重视散文而反对骈文的重要代表。

白话文 Writings in Vernacular Chinese

白话文是汉语书面语的一种，是唐宋以来在口语的基础上形成的，"白话"即明白如话。白话文起初只用于通俗文学作品，如唐代的变文（唐代的说唱体文学作品之一），宋、元、明、清的话本和小说等，以及宋元以后的部分学术著作和官方文书。相较于文言文，白话文表达方式浅显，通俗易懂。至五四时期，胡适等人推动白话文运动，使得白话文取代了文言文，在全社会普遍应用。

普通话 Putonghua

普通话就是现代汉民族的共同语，是中国国家通用语言。普通话以北京语音为标准音，以北方话为基础方言，以典范的现代白话文著作为语法规范。

少数民族语言 Minority Language

少数民族语言指中国除汉族以外其他民族使用的语言。中国是个多民族国家，除汉族外还有55个少数民族，在这些少数民族中，除回族、满族等基本转用汉语外，其他民族大都有自己的语言，如蒙古语、藏语、维吾尔语等。少数民族文字大都是拼音文字，但在书写形式上各有不同，如维吾尔文、哈萨克文是从右往左书写，蒙古文、锡伯文是从上往下书写等。少数民族语言文字在少数民族社会生活中起着十分重要的作用，是其他民族语言文字无法替代的。中国政府尊重和保障各少数民族使用自己民族语言文字的权利和自由。

押韵 Rhyme

押韵指在韵文中某些句子的末尾使用同韵的字。押韵的"韵"不完全等同于现代汉语中的"韵母"，凡韵腹和韵尾相同或者相近的都属于同一个韵。当作品中都使用韵母相同或相近的字，或者平仄统一时，便会在朗诵时产生一种铿（kēng）锵（qiāng）的和谐感。这些使用了韵母相同或相近字的地方，称为"韵脚"。押韵是增强诗歌音乐性的重要手段。在中国古代诗歌创作中，近体诗为了使声调和谐、容易记忆，十分讲究押韵。将相同韵母的字归纳到一类，即为"韵部"。在现代诗歌创作中，押韵的自由度较大，不再严格依照古代的韵部，而是按照现代汉语拼音的规定执行。

平仄 Level and Oblique Tones

平仄是中国诗词中用字的声调，"平"指平直，"仄"指曲折。根据隋朝至宋朝修订的《切韵》《广韵》等韵书，中国中古时期汉语有4种声调，即平、上、去、入。除了平声，其余3种声调有高低的变化，故统称为"仄声"。平仄运用到诗词创作中有一定的格式，这种格式被称为"格律"。平声和仄声代指由平仄构成的诗文的韵律，平仄是四声二元化的尝试。普通话中入声消失，原入声归入仄声中的上声和去声，以及平声中的阴平和阳平，称为"入派三声"，这导致用普通话判别诗词平仄时会有错误，应当注意。

对仗 Verbal Parallelism

对仗又称对偶、排偶，指结构相同或相近、字数相等、意义密切关联的两个短语或句子对称排列的修辞格式。从形式上看，音节整齐，节律感强；从内容上看，言简意赅，概括力强。对仗有着鲜明的民族特点和独特的表现力，便于记诵，因而在抒情、叙事、议论等文章中被广泛使用。在中国古代的骈体文、律诗中，对仗的规定很严格，要求字数相同、结构相同、词性一致、平仄协调等；现代诗文使用对仗时要求则相对宽泛，只要字数相同，结构大致相同，声律基本协调即可。

语讳 Taboo

语讳指语言中的禁忌与避讳现象，是禁忌习俗的重要组成部分。语讳有很多种类型，如避凶求吉、尊重权威、避俗求雅、婉言人短、痛恨恶名等。在语言交际中，为了避免发生不高兴或不愉快的交际言行，人们常常要避开一些犯忌讳的字眼，并改用其他词来表情达意，即"避讳"。如到渔民家里做客，不能说"翻、沉"之类的词语，以求出海顺利、平安归来。

口彩 Auspicious Remarks

口彩，即吉利话、吉祥语，使用吉利话、吉祥语的行为称为"讨口彩"。口彩既有固定、惯用的吉祥话，也有根据场合临场发挥创作的吉祥话。为了达到说吉祥话增加喜庆气氛的目的，使用和创作吉祥话时，往往还通过比附、象征、谐音等方式来增加艺术性。创造和使用口彩是为了表达对美好生活的期许，尤其是在过节、婚嫁、庆生等场合，口彩还能增添喜庆的气氛。讨口彩是中国传统民俗活动的重要内容，也是老百姓精神文化生活的一个重要方面。

成语 Idiom

成语是一种相沿习用的、具有书面语色彩的固定短语。成语的来源主要有神话寓言、历史故事、诗文语句、口头俗语等。成语能够对事件本身进行高度概括，简练精辟，其整体含义不是其构成成分意义的简单相加，而是具有更深刻的文化内涵，如狐假虎威、画蛇添足等。成语结构紧密，一般不能任意变动词序，不能抽换或增减其中的成分，具有结构的凝固性。成语以四字格为基本格式，也有少量三字格和多字格的。随着社会语言习惯的变化，部分成语所表达的意义、使用的环境也会改变。

歇后语 Two-Part Allegorical Saying

歇后语是由近似于谜面、谜底的两部分组成的带有隐语性质的口头用语。歇后语将一句话分成两部分来表达某个含义，前一部分是比喻或说出一个事物，后一部分是意义所在。两部分之间有间歇，间歇之后的部分常常不说出来，让人猜想其含义。歇后语可分为两类：一类是喻义，一类是谐音。喻义歇后语的前一部分是一个比喻，后一部分是对前一部分的解释，如"铁公鸡———一毛不拔"；谐音歇后语是借助音同或音近来表达意思，起到双关效果，如"飞机上吹喇叭———空响（空想）"。歇后语幽默风趣，耐人寻味，为老百姓喜闻乐见。

惯用语 Idiomatic Expression

惯用语是指在人们口语中已经定型的习惯用语，大都是三字的动宾短语，也有其他格式的。惯用语与成语有一定的相似性，但是惯用语的口语色彩浓烈、含义单纯，很多没有明确的典故来源。一些惯用语结构固定，更像是词，如"巴不得""不管三七二十一"。同时还有很多动宾结构的惯用语，可以依据表达的需要插入定语和补语，如"打交道"可以说成"打了几次交道"。另有一些四字格的描述性短语，如"红花绿叶""身强力壮"等也被视作惯用语，其词序相对灵活，可以调换，调换后不影响其意义的表达。

07-02 文字

《三字经》 *Three-Character Primer*

《三字经》是中国传统的启蒙教材，相传作者是宋代王应麟。"三字"指其格式上以三字为一句，朗朗上口。"经"是指经典，其取材范围包括中国传统文化的文学、历史、哲学、天文地理、人伦义理、忠孝节义等。《三字经》体现了儒家"仁、义、诚、敬、孝"的思想。作为启蒙教材，《三字经》可以让儿童了解生活常识、传统国学及历史故事，进而明白做人做事的道理。当然，基于历史原因，《三字经》难免含有一些精神糟粕、艺术瑕疵，要辩证地看待。《三字经》与《百家姓》《千字文》被认为是中国传统蒙学的三大读物，合称"三百千"。

《百家姓》 *Book of Family Names*

《百家姓》是中国传统的启蒙读物，成文于北宋初年，采用四言体例，对姓氏进行了排列，句句押韵，朗朗上口，便于记诵。《百家姓》的最初版本共收录440个姓，其中单姓410个，复姓30个。后来流行的增补本共收录508个姓，其中单姓449个、复姓59个。因为宋朝的开国皇帝姓赵，所以为尊国姓，以"赵"居首。虽然《百家姓》的内容没有文理，但对于中国姓氏文化的传承、中国文字的识记等方面都起了巨大作用，这也是它能够流传千百年的一个重要因素。

《千字文》 *Thousand Character Reader*

《千字文》成书于南朝梁武帝时期，是中国传统的启蒙读物。梁武帝命人从王羲之的书法作品中选取了1000个不同的汉字，让大臣周兴嗣（sì）编纂成250句四言韵语，全文皆为四字句，对仗工整，条理清晰，文采斐然。其内容涵盖面极广，从开天辟地的神话事件到君子品性的个人修养，可谓是包罗万象。《千字文》语句平白如话，易诵易记，并译有英语、法语、拉丁语、意大利语等众版本，是影响很大的儿童启蒙读物。

仓颉造字 Cangjie Creates Chinese Characters

仓颉（jié）造字是关于汉字来历的中国古代神话传说。仓颉也称"苍颉"，复姓侯刚，号史皇氏，一般认为他是轩辕黄帝史官。相传远古时期，人们结绳记事，大事打一大结，小事打一小结，相连的事打一连环结。仓颉日思夜想，到处观察，如天上星宿的分布、地上山川的脉络、鸟兽虫鱼的痕迹、草木器具的形状，而后描摹绘写，创造出种种不同的符号，并且定下了每个符号所代表的意义。于是有仓颉"始作书契，以代结绳"之说。

六书 Six Traditional Categories of Chinese Characters

"六书"是中国古代分析汉字的造字方法而归纳出来的6种条例，即象形、指事、会意、形声、转注、假借。"六书"建立在小篆基础上，基本算是完善周密的条例。它大约反映了战国末到汉代，以及后世对汉字结构和使用情况的认识，是最早的研究汉字构造的系统理论。有了"六书"系统以后，人们再造新字时，都以该系统为依据。"六书"对汉字的演化和发展起着重要的指导作用。

《说文解字》 Explaining Simple and Compound Characters

《说文解字》由东汉许慎撰，是中国第一部字典，有正文14卷、叙目1卷，以通行小篆为主体，列古文、籀（zhòu）文等异体字为重文。《说文解字》收字9353个，重文1163个，首创部首排检法，按汉字形体偏旁结构分为540部。每字均按"六书"分析字形，解释字义，辨识音调。书中保留了大量的古文字资料，对研究甲骨文等古文字有着极高的参考价值。后代研究《说文解字》的著作很多，以清代段玉裁的《说文解字注》最为精要。

象形 Pictograph

象形是"六书"之一，是通过描摹实物的外形来造字并表达字意的造字方法，用这种方法造的字叫象形字。古象形字有的像事物的整体轮廓，如"车（🚗）、舟（⛵）"等；有的像事物的特征部分，如"牛（ψ）、羊（⇕）"像牛角、羊角。象形这种造字法接近于画图，所以复杂的事物、抽象的概念很难象形，因此，单靠这种方法造的字极少。中国最初的文字就属于象形文字，汉字虽然还保留象形文字的特征，但经过数千年的演变，很多汉字已跟原来的形象相去甚远，不属于象形文字，而属于表意体系的语素文字了。

指事 Self-Explanatory Character

指事是"六书"之一，是以象征性的符号来表示意义的造字法，用这种方法造的字叫指事字。东汉许慎《说文解字·叙》："指事者，视而可识，察而见意。"指事字是一种抽象的造字方法，也就是当没有或不方便用具体形象画出来时，就用一种抽象的符号来表示，如"上、下"是用横线为界，在横线上面画符号标示就是"上（ ⊇ ）"字，在横线下面画符号标示则是"下（ ⊆ ）"字。指事字按照字形构造复杂程度又分3种：独体指事、合体指事、变体指事。

会意 Associative Compound

会意是"六书"之一，也叫"象意"，是组合两个以上的字表示一个新的意义的造字法，用这种方法造的字叫会意字。会意字可分为同体会意字和异体会意字，同体会意字用相同的字组成，如"从"字是一个人跟着另一个人向前走，表示跟从；异体会意字用不同的字组成，如"武"从戈从止，"止"是"趾"本字，戈下有脚，表示人拿着武器走，有征伐或显示武力的意思。会意是为了弥补象形和指事的局限而创造出来的造字方法，具有明显的优越性：第一，它可以表示很多抽象的意义；第二，它的造字功能强。《说文解字》收会意字1167个，比象形字、指事字多。直到现在人们还用会意的方法创造简体汉字或方言字，如"灶、尘、国"等。

形声 Pictophonetic Character

形声是"六书"之一,是在象形、指事、会意的基础上形成的。东汉许慎《说文解字·叙》:"形声者,以事为名,取譬相成。"也就是说,形声字是由形符和声符两部分组合成的字,其中形符表义,声符表音。形声字是汉字中最能产的合成字,有的形声字有"省形"和"省声"的情况,即形符或声符省写一部分,这与汉字不断进行简化有关。形声字中还有一种"亦声字",即会意兼形声字,其声符兼有表意性,如"谜"是形声字,从言迷声,同时也是会意字,从言从迷。

偏旁 Component of a Chinese Character

偏旁是由笔画组成的具有组配汉字功能的构字单位,一个合体字一般由两个或两个以上的部件构成。以前称合体字的左方为"偏",右方为"旁";现在把合体字的组成部分统称为"偏旁",位于字的左边的叫"左偏旁",位于字的右边的叫"右偏旁"。偏旁是从造字构形的角度定义的,习惯上有"左偏右旁"的说法,这是采用"两分法"对汉字进行结构分析而产生的认识。由于汉字结构复杂,许多汉字并不是单纯的左右结构,所以后来不再区分左右,一律称为"偏旁"。

部首 Radical

部首具有字形归类作用,是字书中各部领头的部件或笔画。采用部首给汉字归类,始于东汉许慎的《说文解字》,《说文解字》把9353个汉字归为540部。明代梅膺祚(zuò)的《字汇》合并为214部,其后《康熙字典》《中华大字典》《辞源》《辞海》均为214部。中华人民共和国成立后编印的新《辞源》仍为214部,《新华字典》改为189部(2004年第10版改为201部),新《辞海》250部,《汉语大词典》和《汉语大字典》200部。根据功能性质的不同,部首可分为两大种类:造字法原则的部首和检字法原则的部首,后者比前者更便于检字。

甲骨文 Oracle Bone Script

甲骨文指通行于商周时代的刻写在龟甲兽骨上的文字,最早出土于

131

河南安阳殷墟，多为占卜记录，所以甲骨文又称"殷墟文字""卜辞""殷契""契文"等。已发现的甲骨文的单字有4500个左右，其中已识别的约1700个，尚未识别的字多是人名、地名、族名等。甲骨文一般是用刀刻的，线条细瘦，拐弯多为方笔，因为文字尚未统一，许多字既可以正写，也可以反写，笔画繁简不一，偏旁不固定，异体字较多。从字体的数量和结构方式来看，甲骨文已经发展到有较严密系统的文字阶段了。

金文 Bronzeware Script

金文主要指通行于商周至秦汉时期的青铜器上的文字。历史上从商周到秦汉都有金文，因为周朝把铜也叫"金"，所以铜器上的铭文就叫"金文"或"吉金文字"。又因为这类铜器以钟鼎上的字数最多，所以过去又叫作"钟鼎文"。因制作工艺的原因，金文笔画丰满，外形方正匀称，异体字较多。据古文字学家容庚《金文编》记载，金文的字数共计3772个。不过，因为《金文编》较少收录战国兵器铭文，加上后来新的资料，金文单字总数要大于该数字。

大篆 Large Seal Script

大篆是秦书八体之一。广义的大篆指先秦时期所有的古文字，包括甲骨文、金文与籀文（春秋战国时流行于秦国的一种字体，今存石鼓文是其代表），以及春秋战国时代通行于六国的文字。狭义专指籀文，籀文因著录于《史籀篇》而得名。《汉书·艺文志》著录《史籀》15篇，本注云："周宣王太史作大篆十五篇。"《说文解字》中保留了籀文220个不同的字，是许慎依据所见到的《史籀》9篇举出的，也是今天研究大篆的主要资料。

小篆 Small Seal Script

小篆是在籀文的基础上发展而成的。公元前211年，秦始皇统一六国后，推行"书同文"的政策，由丞相李斯负责实施。在秦国原来使用的籀文的基础上进行简化，取消了其他六国文字，创制了统一的汉字书写形式——小篆。今存的《泰山刻石》残石可以代表小篆的风格。由于字体优美，小篆始终为书法家所青睐；又因为小篆笔画复杂，形式奇古，而且可以随意添加曲折，所以在印章刻制，尤其是刻制需要防伪的官方印章时，大多采用篆书。

石鼓文 Inscriptions on Drum-Shaped Stone Blocks

石鼓文是先秦刻石文字，因其刻石外形似鼓而得名。石鼓发现于唐初，现存共计 10 件，分别刻有大篆四言诗 1 首。其内容最早被认为是记录贵族出猎的场面，故又称"猎碣"。石鼓文的书法字体多取长方形，体势整肃，端庄凝重，笔力稳健，石与形、诗与字浑然一体，充满着古朴雄浑之美。石鼓文比金文规范，但仍在一定程度上保留了金文的特征，它是从金文向小篆发展的一种过渡性书体。石鼓文是大篆留传后世的、保存比较完整且字数较多的书迹之一。

隶书 Official Script

隶书也叫"佐书""史书"，有秦隶、汉隶等。秦隶也称"古隶"，是西汉早期以前运用的隶书，秦代篆、隶并用，小篆是官方使用的标准字体，用于比较隆重的场合，秦隶是下级人员用于日常书写的辅助性字体。秦隶是从具备象形特点的古文字演变为不象形的今文字的转折点，在汉字发展史上具有划时代的意义。它把小篆圆转弧形的笔画变成方折平直的笔画，基本摆脱了古文字象形的特点。汉隶又称今隶，是汉代通行的字体，字形比较规整，已经很少有篆书的痕迹了。

草书 Cursive Script

草书是汉字的一种字体，同时也是一种传统书法艺术，特点是结构简省、笔画连绵。草书形成于汉代，是为了书写简便而在隶书基础上演变出来的，有章草、今草、狂草之分。章草由隶书草化而来，用笔仍多沿袭隶书。今草产生于汉末，是从章草变化来的，笔形是楷书化的草写，没有章草的波势。今草写起来简易快速，但大都不易辨认。狂草是唐代产生的，变化多端，极难辨认，变成了纯艺术品，很少有实用价值。现存几种草书的代表作品为：三国吴皇象的《急就章》(章草)、晋代王羲之的《初月帖》

（今草）、唐代张旭的《肚痛帖》（狂草）和怀素的《自叙帖》（狂草）。

行书 Running Script

行书产生于东汉中晚期，盛行于西晋时期，是一种介于楷书和草书之间的字体，分为行楷和行草两种，早期行书是在带有较多草书笔意的新隶体的基础上发展出来的一种字体。"行"是"行走"的意思，因此它不像草书那样潦草，也不像楷书那样端正，实质上它是楷书的草化或草书的楷化。楷法多于草法的叫"行楷"，草法多于楷法的叫"行草"。楷书是文字符号，实用性高且见功夫；草书则艺术性强，但实用性显得相对不足。行书与楷、草两者相比，则实用性和艺术性都较高。

楷书 Regular Script

楷书也叫"真书""正书"，"楷"是规矩整齐、可为楷模的意思。楷书从隶书发展演变而来，兴于汉末，是通用时间最长的标准字体。楷书同汉隶的基本结构相同，主要区别是笔形不同，且楷书字形方正、书写简便。楷书紧扣汉隶的规矩法度，又在追求形体美上进一步发展。汉字的书写有了"波"（撇）、"磔"（zhé，捺），"侧"（点）、"掠"（长撇）、"啄"（短撇）、"提"（直钩）等笔画，结构上更为严整。楷书字体端正，是现代通行的汉字手写正体字。

繁体字 Traditional Chinese Character

繁体字与"简化字"相对，指笔画较多、汉字简化后已有相对应的简化字替代使用的字。如"擔"（担）、"響"（响）、"邊"（边）等。

简化字 Simplified Chinese Character

简化字与"繁体字"相对，指汉字中通过简化繁难字形而形成的笔画较少的字。如"声"（聲）、"灶"（竈）、"书"（書）等。现行通用简化字以国家颁布的《通用规范汉字表》为标准。

08 民俗与民间故事

"民俗"即民间风俗，它是一个民族或社会群体在长期的生产实践和社会生活中逐渐形成并世代相传的较为稳定的生活文化。民俗依附于人们的生活、习惯、情感与信仰而产生，具有集体性和社会一致性。因此，它不仅能增强一个国家或民族的文化认同，也能强化民族精神、塑造民族品格。一般来说，民俗可以分为4个方面：第一，物质民俗，如服饰、饮食等；第二，社会民俗，如人生礼仪、岁时节日等；第三，精神民俗，如民间信仰、仪式活动等；第四，语言民俗，如语言禁忌、民间文艺等。在漫长的历史发展过程中，中国民俗形成了以下4个方面的特征：丰富多样的民族性、浓重鲜明的地域性、源远流长的延续性、注重功利的实用性。

"民间故事"是劳动人民创作并以口头形式进行代际流传的一种民间文学作品，它从生活本身出发，但又不局限于生活中的真实与合理。因此，故事内容往往包含着某些超自然或异想天开的成分，如"孟姜女哭长城""牛郎织女"等。

给学生介绍中国民俗与民间故事，建议：首先，要尽可能地说明其背后的文化内涵，因为民俗与民间故事有长久的历史积淀，如中秋节、"嫦娥奔月"等；其次，应告知学生民俗至今仍是中国人日常生活的重要组成部分，它让中国人的生活更加丰富多彩，如春日踏青、秋日登高等；最后，还应注重民俗的跨文化理解问题，有条件的话也可以让学生实践一下，如春节包饺子、端午节观看龙舟比赛等。

08-01 节日习俗

春节 Spring Festival

春节即农历新年，是中国最隆重的传统节日。狭义上的春节仅指正月初一，而广义上的春节则从腊月二十三开始，至正月十五结束。主要的传统习俗有：祭灶、扫尘、放爆竹、贴春联、贴年画、守岁（春节前一个晚上通宵不睡觉，合家欢聚迎接新的一年的到来）、拜年（春节期间互相祝福）、迎财神、闹元宵等。随着时代的发展，春节习俗也出现了一些新变化，以满足当代人的物质与精神需求，如外出旅行、看春节联欢晚会等。世界各地的海外华人每到春节也有吃饺子、舞狮、舞龙等民俗活动。

送红包 Hand (Sb.) a Red Envelope Containing Money

传统意义上的红包又叫"压岁钱"，是过春节时长辈给晚辈的用红信封装着的钱。明清时，压岁钱大多用红绳拴起来送给孩子，民国以后则改用红纸包裹，现在的红包则多为以红色为主的信封。不过，在当代中国，人们不仅在春节时送红包，还会在婴儿百岁、亲朋好友结婚时送。红包的额度一般取决于自己的经济状况，但以 100 的倍数或与吉利数字"6、8"有关的数字等为多，现在"电子红包"正在成为新的时尚。

元宵节 Lantern Festival

元宵节是中国最重要的传统节日之一，时间是农历正月十五，是一年中第一个月圆之夜，又称"上元节""灯节"。有学者认为，元宵节起源于汉代的宫廷祭神仪式。近现代以来，元宵节的活动主要有赏花灯、吃元宵或汤圆（均为元宵节食品，在球形糯米团中加入各种馅料）、猜灯谜、舞狮、舞龙等。中国各地花灯的制作工艺与题材种类各不相同，品类多样，赏心悦目。元宵节的到来标志着农历新年即将结束。

清明节 *Qingming* Festival, Tomb-Sweeping Day

清明节是中国的传统节日之一，时间为公历 4 月 5 日左右。在汉语里，

"清明"一词有两层含义：一指节气，节气是时序的标志，清明过后，中国大部分地区天气转暖、气温回升，正是春耕生产的时节；二指节日，清明包含着一些特别的风俗，具有特殊的纪念意义，如扫墓、祭祀、踏青（指春日到郊外散步游玩）、游春等。

端午节 Dragon Boat Festival

端午节是中国的传统节日之一，时间是农历五月初五，又称"端阳节"。在古代，端午节是一个集驱瘟辟邪、体育竞技、饮食娱乐为一体的综合性节日。传统习俗主要有挂菖蒲、插艾草、拴五色丝线、贴（或绣）五毒图案、饮药酒、吃粽子（端午节食品，由粽叶包裹有馅料的糯米团蒸制而成）、赛龙舟（端午节竞渡用的龙形船）、姻亲往来等。其意义在于去毒去灾，求福纳吉。近现代以来，随着社会的发展，端午节的驱疫色彩已经淡化，娱乐、纪念和社交功能更加突出，活动主要有纪念屈原、吃粽子和赛龙舟等。

七夕节 Double Seventh Festival

七夕节是中国的传统节日之一，时间是农历七月初七，因为有"乞巧"（向织女星乞求智巧）的习俗，所以又称"乞巧节"。由于参与活动的都是妇女，七夕节又被视为中国古代的"妇女节"。七夕节的传统活动主要有卜巧和赛巧："卜巧"即女性用占卜的方法来测定谁是巧手；"赛巧"则是妇女们比赛穿针引线，以此来测定谁是巧手。在漫长的发展过程中，七夕节因始终伴随着牛郎织女的爱情故事而提供给人们一份浪漫的幻想，表达了人们对美好姻缘的渴望。

中秋节 Mid-Autumn Festival

中秋节是中国的传统节日之一，时间是农历八月十五，因为农历七、八、九三个月是秋季，八月十五正好在中间，所以称为"中秋"。中秋节的夜晚月亮格外圆也格外亮，人们会因月圆而想到与家人的团圆，故中秋节又被称为"团圆节"。中秋节的晚上有吃月饼、拜月和赏月的习俗，一直流传到今天。中秋节是一个文化内涵十分丰富的节日，体现了中国人重视人伦与家族血缘关系的文化传统。同时，还有一些与中秋节相关的神话传说流传至今，如"嫦娥奔月、玉兔捣药、吴刚伐桂"等。

重阳节 Double Ninth Festival

重阳节是中国的传统节日之一，时间是农历九月初九，中国古代以一、三、五、七、九为"阳数"，以二、四、六、八、十为"阴数"，"九"与"九"两阳相重，故称"重阳"，又叫"重九"。传统习俗主要有佩戴茱（zhū）萸（yú，一种具有浓烈香味的植物，可以用作中药，并有驱蚊杀虫的作用）、登高、赏菊、吃重阳糕、饮菊花酒等。现代社会除登高、赏菊外，还有敬老等习俗，故重阳节在中国又有"登高节""老人节"之称。

腊八节 *Laba* Festival

腊八节是中国的传统节日之一。"腊"的含义是用丰盛的食物祭祀祖先和神灵，农历十二月被称为"腊月"，农历十二月初八就被称为"腊八"。中国民间有在这一天喝腊八粥（用谷物、干果等多种食材煮成的粥）、泡腊八蒜（用醋泡制蒜，过年吃饺子时食用）的习俗。相传这一天也是佛祖释迦牟尼成道的日子，所以不少寺院在这一天都有施粥活动。

歌圩节 Gexu Festival

歌圩节是壮族的传统节日，时间在农历三月初三，是广西壮族自治区进行民间贸易及青年男女以歌会友、以歌为媒的传统节日，主要活动有对歌、抛绣球、碰彩蛋等。"对歌"即青年男女对唱山歌、互相盘答，目的在于加深了解、增进感情。绣球多为爱情信物，年轻姑娘用于抛扔的绣球大都精工细作，寄托着深厚情谊。

泼水节 the Water-Sprinkling Festival

泼水节是中国傣族、阿昌族、布朗族、德昂族等少数民族和中南半岛某些民族的新年节日，傣语为"桑堪比迈"，意思是"新年"，傣族的泼水节一般在傣历6月中旬（公历4月中旬左右），为期3—4天。第一天类似农历的除夕，人们大扫除、置办年货；第二天是"空日"，人们走村串寨、泼水祝福；第三天，人们到寺庙拜佛，用清水为佛像洗尘，然后互相泼水祝福，希望用圣洁的水冲走疾病和灾难。"泼水"是该节日最具特色的活动，故称"泼水节"。除了中国以外，泰国、缅甸、老挝、柬埔寨等国也过泼水节。

那达慕大会 Nadam Fair

"那达慕"是蒙古语，意为"娱乐、游戏"。那达慕大会历史悠久，是蒙古族的传统节日，每年农历七八月举行，主要内容有赛马、套马、摔跤、射箭、下蒙古象棋等。除各类比赛外，还有说书、好来宝和歌舞表演等，是蒙古族一年一度的盛会。"好来宝"是内蒙古等地民间流传很广的一种说唱形式，有固定的曲调，唱词往往由演唱者即兴创作，表演者自拉自唱，很受蒙古族人民欢迎。

火把节 Torch Festival

火把节是彝族、白族、哈尼族、纳西族等少数民族的传统节日，时间在农历六月二十四前后，为期3—7天。火把节历史悠久，最初是为了祈求丰收而进行的一种农业祭祀活动，现在已经发展为融经济贸易与文体娱乐为一体的综合性民族节日。节日当天男女青年欢聚在一起，载歌载舞，互送信物，还有赛马、斗牛等娱乐活动。晚上男女老少手持火把绕村游行，最后到田边举行象征性的灭虫仪式，盼望农业丰收。

藏历年 Tibetan New Year

藏历年相当于汉族的春节，是藏族最重要的节日，从藏历正月初一开始，节期各地不同。节前的主要习俗有酿制青稞酒、炸"卡赛"(供奉佛祖或招待客人的食品)、扫尘、在大门上画吉祥八图等。除夕之夜要守岁，合家欢聚迎新年。初一早上妇女们争相赶到河边，以便早早打到"吉祥水"；许多信仰佛教的农牧民去拉萨大昭寺朝拜，祈求新年平安健康。大年初二走亲访友，大年初三则以宗教、文体活动为主，如插五彩经幡、赛马、拔河等。

花山节 Huashan Festival

花山节是苗族的盛大节日，也叫"踩花山"，时间一般在农历正月初一至正月初十。节日时，人们从四面八方来到村寨之间的开阔地带庆祝节日。"花杆"是踩花山的重要标志，先要立花杆，无杆不成花山。一般选择高大挺直的杉树，扎以鲜花与彩旗，在农历腊月十六至二十八日间确定立杆地点，并树立好花杆。然后，小伙子们肩扛芦笙，姑娘们唱着山歌从苗山各个角落汇聚过来，整个花山人如潮涌，充满着欢乐喜庆的气氛。

丰收节 Harvest Festival

丰收节是高山族的盛大节日，也叫"丰年祭"，每年秋收时举行。由于居住环境及种植作物不同，农作物的成熟期、收获期也不同，因此各地丰收节的节期也不尽相同，但人们都是在收割、尝新、入仓等各个环节举行相应的祭祀仪式，向神灵与祖先祷告，祈求保佑农作物顺利收获，并预祝来年五谷丰登。祭礼之后举行聚餐、歌舞、游戏及篝火晚会等活动，人们都沉浸在节日的喜庆与欢乐之中。

08-02 饮食习俗

四大菜系 Four Major Chinese Cuisines

中国四大菜系指的是鲁菜、川菜、粤菜和苏菜。鲁菜发源于山东，是北方菜的优秀代表，擅长烹制海鲜、河鲜，并精于制汤，烹调方法以爆、炸、扒（pá）为主，代表菜品有葱烧海参等；川菜发源于四川，擅长调味，以麻辣著称，代表菜品为麻婆豆腐等；粤菜发源于广东，具有清、鲜、脆、嫩的特点，选料广泛，以杂著称，代表菜品为烧鹅等；苏菜发源于淮安、扬州等地，讲究刀工，擅长炖、焖、烧、煨（wēi）、蒸、炒，口味清鲜，略带甜味，代表菜有狮子头等。

满汉全席 Complete Feast of Manchu-Han Cuisine

"满汉全席"是清朝的宫廷盛宴，是集满族与汉族精品菜点而形成的历史上最著名的中华大宴。满汉全席以东北、山东、北京、江浙菜为主，既突出满族菜点的特殊风味——烧烤、火锅、涮锅，也展示出汉族烹调的特色——扒、炸、炒、熘（liū）、烧。既有宫廷菜肴，也有地方风味。满汉全席一般为108道菜，其中南菜54道、北菜54道。菜品荤素搭配，取材广泛，用料精细，山珍海味无所不包。满汉全席是中华菜系文化的瑰宝。

饺子 Chinese Dumpling

饺子是深受中国人喜爱的传统美食，历史悠久，在民间有"好吃不过饺子"的俗语。饺子的制作方法是用面皮包上各种各样的馅料，多用水煮方法烹制，也可采用煎、蒸等方法烹制，因此有水饺、煎饺、蒸饺之说。吃饺子是中国人过除夕（岁末最后一个夜晚）特有的民俗传统，取"更岁交子"之意："子"为子时，"交"与"饺"谐音，"交子"意为辞旧迎新。世界各国华人过春节时也都有包饺子、吃饺子的习惯。

北京烤鸭 Beijing Roast Duck

北京烤鸭是北京饮食文化的代表。从制作工艺上看，北京烤鸭有焖炉烤和挂炉烤等不同的烤制方法，以"全聚德"等老字号（商业、餐饮业、手工业在长期竞争中留存下来的品牌）为代表。全聚德烤鸭店创建于清同治三年（1864），已有100多年的历史。全聚德的烤鸭外焦里嫩，带有果木清香。最常见的吃法是：将甜面酱抹在荷叶饼上，放几片烤鸭在上面，再放上几根葱条或黄瓜条，然后将荷叶饼卷起食用。北京烤鸭已经成为北京的城市名片，是中外人士到北京来一定要品尝的美味佳肴。

煎饼馃子 *Jianbingguozi*

煎饼馃子是天津的特色小吃，由绿豆面薄饼、鸡蛋、油条或薄脆组成，配上面酱、葱末、辣椒酱等佐料，口感咸香。现在的煎饼馃子原料已不限于绿豆面，但很多天津人依旧坚持着传统的吃法。煎饼馃子多见于马路边的早餐摊，只需几分钟就可以制作出一套。如今，煎饼馃子已走出国门，在国外安家落户，如经过改良的"老金煎饼"便位于美国纽约的繁华地区曼哈顿。

酒礼 Manners of Drinking

中国是世界上最早开始酿酒的国家之一，酒虽然不是中国人每日生活的必需品，但却是重要场合的必备品。在婚礼上，新郎新娘要喝"交杯酒"，以表示永结同心、相亲相爱；在给亲友或客人接风时，要在宴席上喝"接风酒"；在为亲友或客人送行时，要在宴席上喝"饯行酒"。此外，有些地方婴儿满月要喝"满月酒"，老人过生日要喝"贺寿酒"，农村盖房子要喝"上梁酒"。

中国茶 Chinese Tea

中国茶指中国出产的茶叶及其饮用方法与文化内涵。中国是茶的故乡，相传远古的炎帝（即神农）时期就发现了茶，并把它作为解毒的良药来使用，后来才成为饮品。唐代的陆羽撰写了《茶经》，推动了茶文化的发展。中国茶种类众多，按制作工艺可分为绿茶、红茶、黄茶、黑茶、白茶、乌龙茶等。中国的名茶有西湖龙井、洞庭碧螺春、黄山毛峰、君山银针、信阳毛尖、祁门红茶、六安瓜片、都匀毛尖、武夷岩茶、安溪铁观音等。

《茶经》The Classic of Tea

《茶经》是中国第一部关于茶的专著，作者是唐代著名茶学家陆羽。陆羽字鸿渐，自称"桑苎（zhù）翁"，又号东冈子，被尊为"茶圣"。《茶经》分为上、中、下3卷：上卷介绍茶的起源、形状、功用、名称、品质、种类及采制方法；中卷介绍煮茶、饮茶的用具；下卷介绍煮茶方法与各地水质、饮茶风俗、饮茶历史，以及茶的故事、产地、药效等，并评价了各地茶叶的优劣。总之，《茶经》全面介绍了中国茶叶的历史源流与饮茶技艺，把普通茶事提升为一种美妙的文化，推动了中国茶文化的发展，成为中国茶道的开端。

茶馆 Teahouse

茶馆是喝茶的场所，也是人们休息、消遣和交际之处。中国茶馆历史悠久，两晋时期已经出现。现在以北京的"老舍茶馆"最为著名，它是因中国现代作家老舍的著名话剧《茶馆》而命名的。在这里，人们不仅可以喝茶，还可以欣赏曲艺、戏剧等精彩表演。老舍茶馆自1988年开业以来，已经接待了很多中外领导人、社会名人和游客，成为展示北京文化乃至中国文化的重要窗口。

盖碗茶 Covered Bowl Tea

盖碗茶起源于唐代的四川，盛行于清代的北京。盖碗茶使用的茶具上有盖、下有托、中有碗，又称"三才碗"：盖为天、托为地、碗为人。品盖碗茶韵味无穷，喝茶的人可以根据对茶汤浓淡的需要来刮茶盖，即用茶盖在水面上刮一刮，使整碗茶水上下翻转，刮得轻则茶汤味淡，刮得重则茶汤味浓。宫廷皇室、贵族，以及高雅的茶馆都流行盖碗茶。因盖碗茶保温性能好，茶具精美，在各地都很流行。

茶礼 Manners of Tea

茶礼跟中国古代的传统婚姻习俗有关，常指聘礼。在中国，茶叶和婚礼关系密切。唐代的文成公主嫁到西藏时带的嫁妆中就有茶。到了宋代，茶由女子的嫁妆礼品转变为男子求婚不可缺少的聘礼。到了明清，更是形成了成熟而盛行的茶礼风俗。在中国南方，小伙子送给姑娘的聘礼叫"茶礼"，女方接受聘礼叫"受茶"，而"退茶"则意味着退婚。"茶礼"至今还保留在中国人的生活中。

浅茶满酒 Shallow Tea and Full Wine

"浅茶满酒"是指倒茶不能太满，而斟酒却要斟满杯。茶一般是用开水冲泡的，所以滚烫的茶汤如果斟满了杯就容易烫伤别人的手；而斟酒时不但没有这种担心，反而被认为倒得越满越好，这样可表示对对方的尊敬。中国有这样一句俗话："茶七饭八酒十分。"意思是倒茶最多倒七成满，饭可以盛到八成满，酒却要倒十成满。另外，"茶满欺人，酒满敬人"的俗语也是从"浅茶满酒"的礼节中引申出来的。

筷礼八忌 Eight Taboos on Manners of Chopsticks

筷礼八忌是指在中式宴席上使用筷子要遵守礼仪，忌讳出现以下 8 种情况：第一，忌迷筷，即举筷不定，东戳西挟；第二，忌翻筷，即用筷翻挖，菜底拣食；第三，忌刺筷，即夹菜不住，改之以刺；第四，忌涮筷，即用筷搅汤，左右捞物；第五，忌舐筷，即放筷于口，吮、吸、舐、舔；第六，忌剔筷，即用筷作签，入嘴剔牙；第七，忌响筷，即用筷敲盆，叮当作响；第八，忌插筷，即筷如双柱，直插碗中。

08-03 服饰

汉服 Han Chinese Clothing

汉服常用来指汉族的传统服装。汉服的特点是交领右衽（rèn，衣襟）、系带为主。"交领"指衣服前襟左右相交；"右衽"指左前襟向右掩，将右前襟掩在里面。汉服的主要类型有"深衣"（把上衣下裳缝连起来）、"上衣下裳"（上衣和下裳分开）、"襦（rú）裙"（"襦"即短衣）等。汉服对日本、韩国、朝鲜、越南等亚洲国家的传统服装产生了很大影响。

唐装 Tang Suit

唐装是以中国历史上的盛世——唐朝来命名的中国服装样式，现在人们使用的"唐装"一词实际上是对中式服装的概括。唐装具有四大特点：对襟（女式唐装多为斜襟）、立领（穿着时领子是立起来的）、连袖（前后襟与袖子之间没有接缝）、盘扣（手工制作，用布纽结而成）。唐装一般用花卉、文字等图案装饰，既有民族特点，又有吉祥与祝福的寓意。

凤冠霞帔 Phoenix Coronet and an Embroidered Tasselled Cape

凤冠霞帔是中国古代富家女子出嫁时的装束，头上戴的是凤冠，身上披的是霞帔。凤冠上的装饰有龙有凤，还有牡丹花等图案，颜色以青蓝色、银色、珍珠白为主。霞帔类似披肩，上面印有图纹，因其美如彩霞而被称为"霞帔"。宋代时，霞帔正式成为贵族妇女的服饰，并随其丈夫或儿子品级的高低分出不同式样。

盖头 Red Bridal Veil

盖头现在多指中国传统婚礼中新娘头上盖的一种饰物，形状以方形居多，由于其色为红色，所以也叫"红盖头"。据说，盖头起源于东汉末年，用轻纱制成，现在则多选用大红绸缎。在传统婚俗中，一般的做法是：新娘出嫁时，在上花轿（传统婚礼中专门供新娘使用的轿子）前盖上盖头，到丈夫家入了洞房（新婚夫妇的居室）以后，由新郎亲自挑开。挑盖头的工具多为秤杆，取"称心如意"之意，这一习俗至今仍有保留。

旗袍 Cheongsam

旗袍本是满族妇女的传统服装，特点是宽大平直。20世纪20年代，旗袍在满族妇女服饰的基础上融合了西方服饰元素，最终形成了高领、紧身、无袖的新样式，既体现了东方女性的含蓄、典雅，又具有欧洲女装的曲线之美，深受广大女性喜爱，常常被用作礼服或婚服。在2010年上海世博会上，中方定制了60套旗袍作为中国政府赠送给各国元首夫人的礼物。目前，旗袍已成为中国传统文化的一个符号，受到世界各地的欢迎。

中山装 Chinese Tunic Suit

中山装是中国近现代服装的一种样式。中国近现代革命家孙中山先生综合日式学生服装与中式服装的特点，吸收了欧美服饰的一些元素，设计出的一种直翻领、四口袋的服装，被世人称为"中山装"。中山装从诞生起到20世纪80年代都是中国男性的主要服装样式，后来随着改革开放的深入，西装和其他时装逐渐开始流行并取代了中山装。不过，中国领导人在出席一些重大活动时，仍然会穿着中山装。

08-04 民间艺术

曲艺 Quyi

曲艺是演员以本色身份采用口头语言"说唱"叙述的各种表演艺术形式的总称。在中国,曲艺包括说书、唱曲、谐趣三个大的品种类型。据不完全统计,现在依然活跃在中国民间的各族曲艺种类大约有 300 个,其中以"说"为主的艺术种类有相声、评书等,以"唱"为主的艺术种类有京韵大鼓、扬州清曲、东北二人转等。各种曲艺形式之间既具有突出的共性,也有独特的个性。

相声 Crosstalk

相声是以引人发笑为目的的一种曲艺形式,约形成于清朝咸丰年间,北京天桥、天津劝业场和南京夫子庙是相声的三大发源地。相声扎根于民间,源于百姓生活,以说、学、逗、唱为主要艺术手段,表演形式有单口相声、对口相声和群口相声三种,表演时常用的道具有醒木、折扇、桌子等。相声以诙谐幽默的语言来说明道理,用讽刺性的笑料来调侃生活。中国著名的相声演员有马三立、侯宝林等。

快板 Clapper Talk

快板是一种传统说唱艺术,属于曲艺中韵诵类(即似说似唱)的表演形式,由数来宝发展演变而成。中华人民共和国成立后,快板成为曲艺艺术的一种正式表演形式,并形成了三大艺术流派——高派(高凤山)、王派(王凤山)、李派(李润杰)。快板分为单口、对口、群口等形式,表演时演员用竹板击打节拍,内容多为说理或抒情性较强的短篇节目。

小品 Short Sketch

小品多指短小的戏剧表演,尤指喜剧表演,最早是演艺界测试学员表演基本功的面试项目。1983 年,在中国中央电视台第一届春节联欢晚会上,严顺开的《阿Q的独白》首次运用了小品这一表演形式;1984 年,中国中央电视台第二届春节联欢晚会，陈佩斯、朱时茂表演的《吃面条》使小品正式成为一种独立的艺术表演形式；1985年，中国中央电视台第三届春节联欢晚会，岳红、丛珊等人的观察生活练习《卖花生仁的姑娘》作为戏剧小品被搬上了舞台，获得一致好评。从此，中央电视台春节联欢晚会便有了一个新的表演艺术形式——小品。在此之后，小品这一新的演艺形式空前火爆，其题材越来越广泛，内涵越来越深刻，形式越来越多样，成为舞台上不可或缺的文艺节目之一。

舞龙 Dragon Dance

舞龙是中国传统的民俗文化活动，每逢喜庆节日，尤其是春节，人们都会以舞龙的方式来庆祝。由于龙在中国文化中是兴云降雨的神，又是吉祥的象征，因此人们用舞龙的方式祈求平安和丰收。舞龙时，"龙"会跟着绣球做出扭、挥、仰、跪、跳、摇等各种动作。现在华人华裔遍布世界各地，每逢重大节日他们都会举办舞龙活动，舞龙已经成为中国文化的一个标志。

舞狮 Lion Dance

舞狮是模仿狮子动作进行表演的一种传统民俗艺术形式，其起源尚无定论，有学者认为其起源于远古时代的"驱傩"仪式。民间认为舞狮具有驱邪辟鬼、祈求吉祥的功能，因此每逢喜庆节日，中国人都喜欢舞狮助兴。舞狮时，由人扮演的狮子在狮子郎的逗弄下表演出各种情态和动作，形象十分有趣。舞狮表演闻名世界，在马来西亚、新加坡等地也十分盛行舞狮。

高跷 Stilts

高跷是广泛流传在中国各地的一种民间舞蹈形式，历史久远，源于古代百戏中的一种技术表演，因双脚踩踏木跷而得名。木跷的高度从30厘米到300厘米不等。高跷一般是团体表演，舞者扮演的大多是神话或历史故事中的角色，服饰与戏曲的行头差不多，手中常拿扇子、手绢、木棍、刀枪等。有"踩街"（在大街上边舞边走）和"撂（liào）场"（包括舞队集体边舞边走各种队形图案的"大场"和两三人表演的"小场"）两种形式。

秧歌 Yangge

秧歌起源于插秧的劳动生活，在发展过程中不断地吸收杂技、戏曲等形式与技艺，发展成为一种独特的民间舞蹈。在锣鼓、唢呐等乐器的伴奏下，男女老少扭动全身，以表达对生活的热爱。秧歌主要流行于中国北方，东北和陕北地区的秧歌最具代表性，表演场面宏大，气氛热烈。有以下特点："扭"（最常见的是走"十字步"）、"走场"（包括"大场"和"小场"）、"扮"（穿戏服、化妆）等。

08-05 民间工艺

中国结 Chinese Knot

中国结是中国特有的民间手工编织装饰品，起源于上古时代先民的结绳记事。作为装饰艺术的中国结初步流行于唐宋，兴盛于明清。"结"表示力量、和谐，因其发音与"吉"相似，所以又含有吉祥如意之意。中国结编织讲究"一线到底"，具有丰富的文化内涵。例如，"如意结"寓意万事称心，"双喜结"寓意双喜临门，"双鱼结"寓意喜庆有余，等等。在现代生活中，中国结主要用于装饰和服饰两方面，如居室挂件、汽车挂件、手链、腰带、盘扣等。

刺绣 Embroidery

刺绣是针线在织物上绣制各种图案的总称。1974年出土的西周墓葬中就发现了刺绣印痕，是已发现的最早的刺绣案例。明清以来，具有地域特色的刺绣品种逐渐成熟，其中以江苏苏州的苏绣、湖南长沙的湘绣、四川成都的蜀绣、广东潮州的粤绣成就最高，影响最大，被称为"四大名绣"。"四大名绣"在题材、构图、用线、用色、针法等方面各不相同，但都以追求绘画效果和高度逼真为最高境界。中国领导人经常把刺绣作为国礼送给外国元首。

扇子 Fan

扇子是夏季取风的物品。在古代，扇子也是一种礼仪工具，象征权力与地位，西汉以后多用来取凉，明清时期逐渐成为文人书生的风雅之物。扇子的主要材料有竹、木、纸、蒲草、飞禽翎（líng）毛等；形状主要有方形、圆形、六角形等。扇子的种类很多，如产于安徽宣城的宣扇、扇面轻如蝉翼的团扇、题诗作画的折扇等。中国扇子对日本、欧美等国家的扇子产生过很大的影响。

剪纸 Paper Cutting

剪纸是一种中国传统的民间工艺，汉代已经出现"剪彩为幡"的习俗，明清时期达到鼎盛。剪纸的制作材料为纸张（以红色居多）和剪刀（或刻刀）。题材多来自现实生活，如"双喜字""喜鹊登枝""五谷丰登"等。逢年过节，人们喜欢把剪纸贴在窗户、门、灯笼上来渲染节日气氛。如今，剪纸艺术越来越多地用于婚纱设计、时装设计等，河北蔚（yù）县有着"中国剪纸艺术之乡"的美誉。2009年，中国剪纸被联合国教科文组织列入"人类非物质文化遗产代表作名录"。

年画 New Year Picture

年画起源于门神画像，用来驱邪避灾，汉代时已在民间广泛流传，宋代开始出现木版年画，并有了年画作坊。明清时期，中国民间出现了一些著名的木版年画，如天津的杨柳青年画、苏州的桃花坞年画和山东的潍县年画等。中国年画形式多样，有中堂画（挂在客厅正中的尺寸较大的画）、窗画、灶王画等。常见的传统题材有"年年有余""五谷丰登"等。中华人民共和国成立以后，年画的题材更加广泛，如"劳动换来光荣""女排夺魁"等。

面塑 Dough Modelling

面塑俗称"面人"，始于汉代，盛于清代。面塑以调成不同颜色的面为主料，用手和简单的工具塑造出各种栩栩如生的形象。面塑可分为食用

（花糕、花馍等）和观赏（人物、动物等）两大类。食用类面塑主要用于祭祀或馈赠亲友；观赏类面塑则更为丰富多彩，形象多为传统戏曲、古典小说、民间传说、神话故事中的人物和十二生肖等，如关羽、孙悟空、王母娘娘。

灯笼 Lantern

中国的灯笼统称为"灯彩"，起源于西汉。灯笼的主要作用是照明，后来成为喜庆的象征。灯笼集绘画、剪纸、纸扎等工艺于一体，有宫灯、纱灯、吊灯等不同类型。从题材上看，有人物、山水、花鸟、龙凤、鱼虫等；从形状上看，圆形和方形较为常见。每逢节日或其他喜庆的日子，中国人一定会挂灯笼，尤其是农历正月十五元宵节之时，到处都会挂起象征团圆与红火的大红灯笼来营造喜庆的气氛，因此元宵节也称"灯节"。现在，灯笼已成为一种独特的中国文化符号。

蜡染 Batik

蜡染是一种中国传统的民间印染工艺，一般步骤是先用蜡液在白布上描绘出几何图案或花、鸟、虫、鱼等图样，然后把绘有图案的白布浸入靛缸（以蓝色为主），再用水把蜡煮掉，最后呈现出花纹。蜡染结构严谨，线条流畅，装饰趣味很强，具有鲜明的民族风格，在贵州、云南等地区非常流行，布依族、苗族等民族的衣服、被面、台布、靠垫等多为蜡染制成。

风筝 Kite

风筝是一种中国传统工艺品，中国风筝最早的记载见于南北朝，唐代风筝史料最著名者见于《新唐书田悦传》。最初多用木头制作，从隋唐开始改为纸张，至宋时放风筝成为人们非常喜爱的户外活动。由于风筝上装了哨子，放飞时声音像筝，所以称之为"风筝"。风筝上的传统图案大多含有吉祥、喜庆的寓意，如蝙蝠、喜鹊、龙、凤等。山东潍坊被誉为"世界风筝之都"，驰名世界的潍坊风筝节一般于每年4月开幕，吸引世界各地的人们前来参观游览。

08-06 武术与运动

十八般武艺 Skill in Wielding the 18 Kinds of Weapons

"十八般武艺"是中国武术术语,泛指使用各种武术器械的功夫和技能。该词在宋代兵书《翠微北征录》中曾出现,但无具体内容,以后历代的说法也不完全相同。后派生出"十八般兵器"一词,晚清和民国时期,"十八般兵器"是武馆的必备陈设,成为中国武术和武馆的象征。如今,"十八种兵器为刀、枪、剑、戟、斧、钺(yuè)、钩、叉、鞭、锏(jiǎn)、锤、镋(tǎng)、耙、棍、槊(shuò)、棒、戈、矛"的说法被人们广泛接受。也有人认为"十八般"并非仅局限于18种兵器,"十八般兵器"是中国民间对古代兵器的泛称。

太极拳 Taijiquan

太极拳起源于中国,是中国传统武术中的经典项目。"太极"一词在《易·系辞上》中曾出现,指的是派生万物的本原,含有最高、极端、绝对、唯一的意思。意思是说,太极拳是拳术中境界最高的一种。太极拳是一种柔和、缓慢、动静结合的拳术。练太极拳时要求思想清静、精力集中、呼吸平衡、身体放松,力量发于腰而动于手,眼随手动,全身组成一个整体。由于太极拳既能锻炼身体,又能在危险时保护自己,因此在国内外传播广泛,深受人们的喜爱。

蹴鞠 Cuju

蹴鞠类似于今天的足球,是古人用脚踢皮球的一种活动。战国时期,蹴鞠作为娱乐活动流行于中国民间,汉代开始成为军队的练兵活动,宋代出现了蹴鞠组织与蹴鞠艺人,清代开始流行冰上蹴鞠。清中叶以后,随着西方现代足球的传入,中国传统的蹴鞠活动基本上被欧洲的现代足球所取代,但在民间仍有流传。2004年,国际足联在成立100周年纪念活动时,宣布足球起源于中国古代的"蹴鞠"游戏。

毽子 Shuttlecock

毽子是用鸡毛插在圆形底座上制成的一种活动器具，踢毽子作为民间体育运动可追溯到汉代，盛行于南北朝和隋唐。这项运动不受时间、场地的限制，基本动作有盘、拐、磕（kē）、绷（bēng）4种。经常踢毽子不仅能使肌肉富有弹性、使关节灵活，而且还可以使心肺系统得到全面锻炼。踢毽子至今仍是人们喜爱的体育运动。

功夫 Kung Fu

功夫又称"中国功夫"，也是"武术"的别称。20世纪60年代以后，随着中国功夫影片的播放，中国功夫逐渐在世界上传播开来。少林功夫是中国武术中体系最庞大的门派之一，起源于嵩山少林寺，内容丰富、套路繁多。按性质可分为内功、外功、硬功、轻功、气功等；按技法可分为拳术、棍术、枪术、刀术、剑术、散打等。中国功夫在世界上影响广泛，"*kung fu*"一词也因此而被写入英文词典。

08-07 人生礼俗

满月 Baby's Completion of Its First Month of Life

满月指婴儿出生满一个月，这一天的习俗主要有两个：一是摆满月酒，即孩子的父母办酒席，宴请家里的亲朋好友来喝"满月酒"，参加酒席的人应该按照习俗赠送礼物，如婴儿衣服、长命锁（一种挂在脖子上刻有"长命百岁"字样的饰品）；二是剃胎发，俗称"落胎毛"，是婴儿出生后第一次理发。剃发时一般要在头顶留下一小片头发，俗称"聪明发"；脑后也要留下一绺头发，俗称"撑根发"，祝福孩子顺利健康地成长。

百日 Baby's Completion of Its First 100 Days

"百日"即婴儿出生的第100天，在这一天要举行庆祝仪式，祝愿孩子长命百岁，俗称"过百日"。至今很多地区还保留着喝百日酒、拍百日照的传统。此外，民间还有吃"百家饭"（家人拿红布口袋讨取 100 家粮食煮饭给孩子吃）、穿"百家衣"（旧时向邻居亲友讨取零星布头缝制而成的衣服）的习俗，意在祝福婴儿在亲朋好友们的呵护下健康成长。但随着人们生活观念与生活方式的改变，现在吃百家饭、穿百家衣的习俗越来越少了。

成人礼 Coming-of-Age Ceremony

成人礼是少男少女在达到成人年龄时举行的象征迈向成人阶段的仪式。中国古代汉族人的成人礼指的是"冠（guàn）礼"和"笄（jī）礼"。"冠礼"是在男子年满 20 岁时将头发盘起来戴上礼帽，表示已长大成人，可以娶妻了。"笄礼"是在女子年满 15 岁时把头发盘起来加上一根簪子，表示已长大成人，可以嫁人了。现在很多学校开始为年满 18 周岁的高中生（不分男女）举行现代成人礼，意义不在婚姻，而是突显社会角色和身份的改变。

月老 Matchmaker in Chinese Myth

月老又称"月下老人""月下老儿"，是中国民间传说中主管婚姻的神，即"媒神"。据目前所见文献，"月下老人"的说法最早见于唐传奇。古人认为，人的姻缘是命中注定的，月老手中的红线能够将有情人联系在一起，确定男女姻缘，因此也就有了"千里姻缘一线牵"的说法。现在，人们多用"月老"指代媒人或婚姻介绍人等。

红娘 Matchmaker, Go-Between

红娘指在男女婚姻中起牵线搭桥作用的人，出自元代剧作家王实甫的《西厢记》。在该剧中，侍女红娘在崔莺莺与张生的爱情故事中，起到了重要的牵线搭桥作用，因此后世便以"红娘"指称婚姻介绍人。后来，除婚姻外，"红娘"也用于指代介绍项目合作的中间人等。

相亲 Blind Date

相亲是中国民间婚姻过程中的议婚礼仪，主要目的有两个：一是考察对方的家庭情况；二是了解婚姻当事人的条件，如身材相貌、言谈举止等。

各地的相亲方式与风俗有所不同，有的是由媒人带着女方家长到男方家相看，有的则是由媒人安排男女双方见面。现在由于年轻人忙于工作或事业，没有时间考虑个人婚姻问题，甚至出现了父母代替年轻人相亲的现象。此外，公园相亲、网络相亲、电视相亲等也在一定程度上丰富了相亲的方式。

六礼 Six Etiquettes

"六礼"指的是中国古代从择偶到结婚6个阶段的传统礼仪，即纳彩、问名、纳吉、纳征、请期、亲迎。纳彩是男方派媒人去女方家提亲；问名是男方通过媒人询问女方的情况，如生辰八字（指一个人出生时的干支历日期，年、月、日、时共8个字）等；纳吉是男方将占卜的吉兆告知女方家；纳征是男方向女方赠送彩礼，即在初步约定婚姻时男方赠送聘金、聘礼，女方则回礼；请期是男方确定迎娶日期后告知女方家，征求对方同意；亲迎是新郎去女方家迎娶新娘。由于"六礼"比较烦琐，现在普通百姓的婚礼并不一定完全遵守，但一般会有纳彩、纳征、亲迎等环节。

回门 Return of a Bride to Her Parents' Home on the Third Day of the Wedding

"回门"又称"归宁"，指的是结婚后新郎陪新娘第一次回到女方家里。各地的回门日期不太一致，但以举办婚礼后第三天为多。回门意味着新郎开始以女婿的身份正式进入女方家，同时可以缓和新娘作为妻子的紧张情绪，也可以使女方家有机会考验新女婿，看他是否能和妻子同甘共苦。各地考验新女婿的方式各不相同，很多地方流行让新女婿吃辣饺子或辣包子。回门的实质是使新人的结合得到双方父母和亲友的认同，并正式确立两家的姻亲关系。

08-08 民间信仰

土地神 God of the Land

土地神又称"土地公""土地爷""后土""社神"，是中国民间信仰中的地方保护神。由于土地能够承载并生养万物，进而养育百姓，所以中国人崇拜土地并会供奉土地神。这一信仰主要集中在汉族人群聚集的地区。在中国传统文化中，祭祀土地神就是祭祀大地，多含有祈福、保平安、保农业收成之意。供奉土地神的地方叫作"土地庙"。

门神 Door God, Menshen

门神是中国古代传说中的司门之神。传统习俗中一般将其贴在门上，用来驱逐鬼怪。早期，人们在过年时把桃人（用桃木雕成的神像）挂在门上，后因雕刻桃人比较麻烦，改为在桃木板上画神像。最早的门神是神荼、郁垒，二人形象威猛，传说可以震慑妖魔鬼怪，使妖魔鬼怪不敢进门，可保佑全家一年平安。各地门神形象虽各不相同，但由于作用都是驱鬼镇妖，因此大多以历史上的武将形象为主。随着人们精神需求的变化，后又出现了文官门神和祈福门神，表达升官发财、福寿延年的愿望。

财神 God of Wealth

财神又叫"财神爷"，是中国家庭的经济保护神，也是商人的行业神。从古至今，人们都希望过上富足的生活，商人们则祈求财源滚滚，因此财神成为中国民间最受人崇拜的神灵之一。财神有文财神和武财神之分：文财神以比干（辅佐商朝两代帝王，被称为"亘古忠臣"）和范蠡（lǐ，春秋末期政治家、军事家、经济学家）两位历史人物最为著名；武财神则以赵公明最为有名，他是专职的"财神爷"，头戴铁帽，手执钢鞭，黑脸多胡须，其画像周围还经常有招财童子、聚宝盆、珍珠和珊瑚等图案，表示多多发财之意。

关公庙 Guan Gong Temple

关公庙是用来供奉三国时期蜀国大将关羽的庙。关羽一生征战无数，建功无数，对其主刘备忠心耿耿。在人们看来，关羽是"忠义"的化身，因此民间纷纷为他立庙。其中，关羽家乡河东解县（今山西运城）的关公庙规模最大，至今香火旺盛。中国的文庙是祭祀孔子的，而武庙则以关羽为主祀。现在除了中国以外，英国、美国、日本和东南亚国家等地的华人也非常崇拜关公。

祠堂 Ancestral Temple

祠堂是祭祀祖先或先贤的场所。中国古代儒家伦理的家族观念非常强，每个姓氏家族都要建立自己的祠堂。祠堂除了用于祭祀祖先，也可以作为子孙举行婚、丧、寿、喜等活动的场所。此外，族亲们商议族内重要事务也经常在祠堂里进行。旧时族规十分严格，族内妇女、未成年人平时都不能随意进入，外族人就更不允许进入了。现在浙江、江西、安徽、广东、福建等地还有很多保存完好的祠堂。

送子娘娘 Goddess of Birth

送子娘娘是中国民间宗教信仰中掌管生子的神，许多寺庙里都有专门的殿堂可以拜谒，前来拜谒的主要是女子。送子娘娘的形象一般为怀抱娃娃安然端坐，求子的女子拈香跪拜，请求送子娘娘赐子于她，得子后还要再来拜谢还愿。送子娘娘寄托着中国劳动人民对生命的热爱和对美好生活的向往。

龙 Dragon

龙是中国神话传说中的动物，也是代表中国文化的一个特殊符号。传说中，龙是一种有鳞、角、须、爪，能兴风作雨的神异动物。现在看到的龙的形象，大多数情况下，角像鹿、头像驼、眼像兔、项像蛇、腹像蜃、鳞像鱼、爪像鹰、掌像虎、耳像牛。在中国封建社会，龙是皇帝和皇权的象征，如皇帝的长相叫"龙颜"、身体叫"龙体"、衣服叫"龙袍"。进入现代社会，龙已化身为一种吉祥符号，"龙的精神"更是代表了昂扬向上的中华民族精神。

凤凰 Phoenix

凤凰是中国古代传说中的吉祥之鸟，雄的称"凤"，雌的称"凰"。现在看到的凤凰的形象是雉尾、鸡身、鸡冠、鹰目、鹰爪、鹰颈、孔雀翎、鸳鸯羽，这是在其原始形象的基础上增加装饰逐渐演化而来的。在封建社会，凤凰常与龙一起使用，龙代表皇帝与皇权，凤凰从属于龙，用于皇后。由于二者都有吉祥如意的文化内涵，因此人们经常同时使用龙凤的形象表示喜庆吉利，名曰"龙凤呈祥"。

岁寒三友 the Three Friends in Winter-the Pine, the Bamboo, and the Chinese *Mei* Flower

"岁寒三友"指的是松、竹、梅3种植物，因为这三种植物经历寒冬而不衰败，因此被人们称为"岁寒三友"。中国古代文人喜欢借助自然物来表达某种思想品格或对精神境界的追求，因此，坚毅有力的青松、挺拔摇动的翠竹、迎风怒放的冬梅，因为具有不畏严寒的高洁品质而成为中国诗人、画家心目中高风亮节的象征，深得人们的喜爱。

十二生肖 Twelve Chinese Zodiac Animals

十二生肖是中国传统文化的重要组成部分，即用鼠、牛、虎、兔、龙、蛇、马、羊、猴、鸡、狗、猪12种动物来纪年。十二生肖与中国传统的十二地支相配合，形成子鼠、丑牛、寅虎、卯兔、辰龙、巳蛇、午马、未羊、申猴、酉鸡、戌狗、亥猪的排列顺序。人们可以根据十二生肖来判断某一年是什么年，也可以判断人的出生年份。现在，以十二生肖为主要内容的文化产品多种多样，主要有剪纸、年画、邮票等。

08-09 民间故事

盘古开天 Pangu Creates the Heaven and the Earth

"盘古开天"是关于世界起源的中国神话传说。很久以前，天和地没有分开，有个叫盘古的巨人在这混沌之中一直睡了18000年。有一天，盘古突然醒了，但他什么也看不见，就抢起大斧猛劈下去。一声巨响后，混沌一片的东西被分开了，轻的东西上升变成了"天"，重的东西下降变成了"地"。盘古怕它们再合在一起，就头顶天、脚踏地支撑着，使它们之间的距离越来越大，天和地终于形成了。

女娲补天 Nüwa Patches up the Sky

女娲是中国神话中的创世女神,她揉团黄色泥土创造了人类。远古时代,天崩地裂,洪水泛滥,野兽横行。在这危急时刻,女娲炼出五色石修补了天空,治理了洪水,制伏了野兽,让春夏秋冬正常运转,使百姓生活平安快乐。中国古代神话传说中的人物有些是有原型的,他们大多是远古时期做过重大贡献的部落群体或部落首领,后人为了纪念他们而将其神化,女娲的故事就是如此。

大禹治水 Yu the Great Tames the Flood

大禹也叫"禹",是夏后氏部落先祖。因洪水泛滥,鲧(gǔn)、禹父子分别受命于尧、舜二帝治理洪水。鲧治水失败,大禹从鲧的失败中吸取教训,改"堵截"为"疏导",修建沟渠,发展农业。治水 13 年中,禹"三过家门而不入",终于完成了治水大业。大禹因治水有功,被舜选为继承人,其子启建立了中国历史上第一个世袭制朝代——夏朝。大禹治水在中华文明发展史上有重要的价值,其因势利导、以人为本的理念是中华民族精神的重要内涵之一。

牛郎织女 The Cowherd and the Weaver Girl

"牛郎织女"是中国民间神话传说。在神话传说中,牛郎生活在凡间,靠一头老牛自耕自食,织女是天上编织云霞的仙女,私自来到凡间做了牛郎的妻子,他们男耕女织,生活得很幸福。掌管仙女的王母娘娘知道后,非常生气,命人带回织女,划出银河,牛郎织女只能在河边遥望对泣。但是,他们坚贞的爱情最终打动了王母娘娘,她允许他们每年农历七月初七在由无数喜鹊搭成的鹊桥上见面,这一天被称为"七夕节",也是中国的情人节。牛郎、织女指的其实是天上的牵牛星与织女星。

梁山伯与祝英台 Liang Shanbo and Zhu Yingtai, Butterfly Lovers

"梁山伯与祝英台"是中国古代民间爱情故事。梁山伯与女扮男装的祝英台在一起读书并相爱,但祝父将英台另许,梁山伯郁郁而终,祝英台在其坟前痛哭并投坟自尽，后二人双双化为蝴蝶翩翩起舞。自西晋开始，这个故事便在民间流传，家喻户晓，被视作是爱情的千古绝唱，也是中国最具魅力的口头传承艺术及国家级非物质文化遗产之一，由此改编的影视作品、钢琴曲也广泛流传。

白蛇与许仙 the White Snake and Xu Xian

"白蛇与许仙"又称"白娘子与许仙"，是中国家喻户晓的民间传说。白娘子名白素贞，是一条修行千年的白蛇精，在西湖断桥与许仙一见钟情，结为夫妻。一次过端午节时，白素贞喝雄黄酒现出原形，吓死了许仙，于是上天盗取起死回生的灵芝仙草救活了他。金山寺和尚法海却又离间他们，许仙因此离家来到金山。白素贞与法海斗法，水漫金山，许仙趁机逃出金山寺，回到家中与白娘子团圆。法海不依不饶，最后把白素贞压在雷峰塔下。根据白蛇与许仙的故事改编的小说、戏曲、影视作品很多，深受人们喜爱。

孟姜女哭长城 Meng Jiangnü Brings Down the Great Wall

"孟姜女哭长城"是中国民间爱情传说。相传，秦始皇建长城时劳役繁重，孟姜女新婚之时，丈夫被迫去修建长城，一直未归。孟姜女历尽艰辛，万里寻夫，得到的却是丈夫死亡的噩耗。她在长城下痛哭了三天三夜，这段长城就此倒塌，露出丈夫的尸骸，孟姜女在安葬丈夫后绝望地投水自尽。修筑长城是历代封建王朝各种劳役中最为典型、最为残酷的一项，孟姜女哭长城则集中表现了千百万下层百姓被劳役逼得家破人亡的悲剧。这个故事是对封建统治阶级残暴行为的控诉，也是对被奴役者不畏强暴精神的歌颂。

八仙过海 The Eight Immortals Crossing the Sea

"八仙"是中国道教中的神话人物，"八仙过海"是其传说之一。"八仙"一般指铁拐李（李铁拐）、钟离权（汉钟离）、吕洞宾、张果老、曹国舅、韩湘子、蓝采和、何仙姑。"八仙过海"的故事最早见于元杂剧，相传白云仙长在蓬莱仙岛牡丹盛开时，邀请八仙过去赏花，回来时，他们遭到东海龙王的阻挠，于是双方展开了一场斗法较量，最后八仙分别拿出自己的法宝对抗，获得了胜利，顺利地越过大海。这就是"八仙过海，各显神通"这一说法的来源，后来人们用这个典故比喻依靠自己特别的技能来展现能力。

二十四孝 The Twenty-Four Filial Exemplars

"二十四孝"是中国民间流传的 24 个孝子行孝的故事，大都取材于西汉经学家刘向编辑的《孝子传》。敦煌藏经洞发现的佛教变文《故圆鉴大师二十四孝押座文》是中国现存最早的"二十四孝"作品，流传较为广泛的则是元代郭居敬辑录成的《二十四孝》，后印本大都配以图画，故又称《二十四孝图》。二十四孝中较为固定的故事有"虞舜孝感动天、老莱子戏彩娱亲、闵损芦衣顺母"等故事。"孝"是中国传统文化中的核心内容之一，随着时代的发展，符合时代主题的新的行孝故事也在不断推出。

09 教育

教育关乎国计民生，其根本目的是培养人才，推动社会进步。中国古代教育历经数千年，自孔子办学开始就有了私人教育体系，此后的私塾教育一直贯穿整个中国封建王朝时代，是民间教育的主流。系统的官方教育始于汉代的"官学"，官办的学校从中央到地方形成了完整的培养和选拔官吏的教育制度，但私塾一直是启蒙教育的主体。"书院"之名始于唐朝，至宋逐渐兴旺，成为中国古代重要的教育组织和学术研究机构，不仅培养了很多有用的人才，而且对当时的学术思想发展和社会风尚都产生了重要的影响。19世纪末，西式新学制学校出现，标志着中国现代教育的开始，这些学校为后来的中国社会发展培养了大批宝贵人才。中华人民共和国成立以后，中国教育取得了巨大成就：在基础教育方面，实行九年义务教育制度，提倡素质教育，把提高受教育者各方面素质作为重要目标；在高等教育方面，不断改革创新，努力向具有世界先进水平的一流大学看齐，先后推出了211、985、"双一流"等重要大学建设工程。此外，在中国教育思想发展史上，历朝历代的教育家为后人留下了宝贵的精神财富，他们提出或倡导的教育观念和教育方法产生了深远的影响，如"有教无类""因材施教""教学相长""知行合一"等。

给学生介绍中国教育，建议：首先，尽可能地说明中国教育的发展历程，如官学、私塾、书院等，特别是中华人民共和国成立以后在教育方面取得的巨大成就；其次，可进行中外教育对比，如说明不同国家在教育制度、教育理念、教育方法等方面的异同，以利于文明互鉴；最后，还应利用学生不同的教育经历进行教学，并让他们谈谈切身感受，如他们喜欢什么样的课程和教学方法等。

09-01 制度

科举制度 Imperial Civil Service Examination System

科举制度，即中国古代通过考试选拔官吏的制度，允许自己报名参加，不必由公卿大臣或州郡长官特别推荐，这一点是科举制与此前的察举制最根本的区别。科举考试是中国历史上重要的人才选拔办法，是科举制度的主要内容。隋朝时，为了能让出身低微但有真才实学的人获得做官与治理国家的机会，隋文帝开始采用分科考试的办法选拔官员。公元606年，隋炀帝设立了"进士科"，标志着科举制度的开始，至明代形成了非常完备的科举制度。1905年，随着新学的兴起，清朝政府废除了科举制度，科举制度在中国历史上存在了1300多年。科举考试从乡试开始，分为不同等级，殿试是其中的最高级别，由皇帝亲自监考。殿试第一名，即是状元，由吏部委任其官职，在官场努力升职是状元这一群体实现人生价值的最高追求之一。状元是中国科举制度诸多名词中最为闪亮的一个，现在仍然在使用，表示各种考试的第一名，或在其他方面名列第一者。

高考 National College Entrance Examination

高考是"普通高等学校招生全国统一考试"的简称，是中华人民共和国成绩合格的普通高中毕业生或具有同等学力的考生（不包括香港特别行政区、澳门特别行政区和台湾地区考生）参加的选拔性考试。高考由教育部统一组织，教育部考试中心或可实行自主命题的省级教育考试院命制试题。考试日期一般为每年6月7日—8日。高考是考生有机会进入高校，接受高等教育，获得大学文凭的主要途径。伴随着高等教育制度的改革，人们也可以通过成人高考、自学考试、远程教育等途径接受高等教育，获得国家认可的大学学历。

09-02 教育理念

有教无类 In Education, There Should Be No Distinction of Social Status

"有教无类"出自《论语·卫灵公》，是孔子提出的教育主张之一。孔子认为，教育面前人人平等，任何人都应该接受教育，教育对象不应该区分类别，一个人无论地位高低，是否聪明，都有接受教育的权利，也都可以通过教育成才。"有教无类"充分体现了教育公平的思想，对社会发展有着积极影响。它有助于扩大教育的社会基础，更好地选拔人才，也有利于提高全体社会成员的素质，在中国教育发展史上具有重要意义。

因材施教 Teach a Person in Accordance with His/Her Aptitude

"因材施教"出自《论语·先进》，是孔子的重要教育理念和教学方法。其基本内涵是指教师要从学生的实际情况出发，根据学生的性格特点、认知能力及自身素质选择合适的方法进行教学。"因材施教"的教育原则有利于发挥不同学生的长处，弥补学生的不足，使得每个学生都能扬长避短，获得最佳发展。"因材施教"理念的提出对于学校教育、家庭教育的开展，以及教育公平的实现都具有重要意义。

学而优则仕 He Who Excels in Learning Can Be an Official

"学而优则仕"出自《论语·子张》，是孔子的学生子夏说的话。其中"优"同"悠"，指有余力。这句话的意思是：为学者已学识出众，若有余力，就去做官。这一观念主张把所学的知识应用到做官的实践中，更好地推行仁道。后人多把这句话理解为"学问做得好了就去做官"，可以说是一种误读。在中国封建社会实行科举制度时，"学而优则仕"一直是学子的人生信念，他们确信只要把儒家圣贤所传授的道理领悟透彻，就可以踏上仕途，从政为官，为国家做贡献。

教学相长 Teaching Benefits Teachers as Well as Students

"教学相长"的意思是教与学相辅相成，出自相传由西汉礼学家戴圣所编的《礼记·学记》："是故学然后知不足，教然后知困。知不足然后能自反也；知困然后能自强也。故曰教学相长也。"东汉经学大师郑玄注曰："学则睹己行之所短，教则见己道之所未达。"原意是就教师自身的教与学而言的，后来引申为师生之间相互促进：一方面，教师的教导使学生增长知识与才干；另一方面，学生提出的问题又使教师继续学习，其结果是双方共同进步。

传道、授业、解惑 Propagate Doctrines, Impart Knowledge and Resolve Doubts

"传道、授业、解惑"语出唐代思想家韩愈《师说》："古之学者必有师。师者，所以传道、受业、解惑也。"这指的是教育的综合过程，传道、授业、解惑三者应并列而行。"受"是通假字，通"授"，意思是传授、讲授。"传道"指传授万事万物的根本之道，培养道德观念，这是最基本的，没有良好的认识基础和道德品质是不可能真正成才的；"授业"指给学生传授知识与技能，让他们增长才干；"解惑"指解开学生的疑惑，即解决他们在学习过程中遇到的各种问题。作为老师，传道、授业、解惑三者缺一不可，只有这样才能培养出德才兼备的学生。

应试教育 Exam-Oriented Education

应试教育是一种以提升学生应试能力为主要目的教育模式。应试教育在一定程度上有利于创造公平公正的竞争环境，有利于学生全面掌握基础知识，但其弊病是容易忽视学生的全面发展。在应试教育模式下，教学方法以知识灌输为基本特征，学生学业负担过重，学习主动性不高，教学要求和教学模式比较单一，学生的个性发展受到阻碍，综合素质较弱，创新性不足。总体来看，应试教育模式对中国基础教育产生了很大的影响。

素质教育 Quality-Oriented Education

素质教育是以提高受教育者各方面素质为目标的一种教育模式，是一种着眼于学生未来发展、着力于打好基础的教育，其根本任务是为每一个学生今后的发展和成长奠定坚实而稳固的基础。这里的"基础"是包括思想品德素质、科学文化素质、身体心理素质、劳动技能素质、审美鉴赏素质在内的广泛而全面的基础，体现了基础教育的基本特征，是一种内涵深刻的基础教育。

09-03 学校发展

书院 Academy of Classical Learning

书院是唐宋至明清的一种以藏书、授课和研究学问为主的场所，其授课方式为学生自学、共同讲习和教师指导相结合。书院大多是自筹经费建造校舍，其目的主要是培养人的学问和道德，而不是为了应试获取功名。书院制度萌芽于唐，完备于宋，废止于清，前后有1000多年的历史，对中国古代社会教育与文化的发展产生了重要影响。中国古代四大书院为：河南登封的嵩阳书院、河南商丘的应天府书院、湖南长沙的岳麓书院、江西庐山的白鹿洞书院。

私塾 Old-Style Private School

私塾是中国古代私人设立的教学场所，一个私塾一般只有一个老师，根据学生的程度实行个别教学，以儒家思想为中心，没有固定的教材和学习年限。学生入学年龄不限，自五六岁至20岁左右都有。按照教学内容，人们把私塾分成"蒙馆"和"经馆"两类。蒙馆的学生由儿童组成，重在识字和背诵；经馆的学生以成年人为主，以应付科举考试为主要目的。在2000多年的历史进程中，私塾对中华文化的传承和人才的培养都做出了重要贡献。

杏坛 Apricot Altar-a Legendary Place Where Confucius Taught

杏坛相传是孔子授徒讲学的地方，出自《庄子·渔父》："孔子游乎缁（zī）帷（wéi）之林，休坐乎杏坛之上。"意思是说，孔子在树林里聚徒讲学，休息的时候就坐在杏坛上面。北宋时期，孔子的后代在山东曲阜孔庙大成殿前筑坛建亭，书写碑文，种植杏树，取名"杏坛"。作为孔子兴教的象征，杏坛被列入孔庙的建筑体系之中。现在杏坛泛指授徒讲学的地方，也用来比喻教育界。

国子监 Imperial College

国子监是中国古代最高的教育行政管理机构,源自国子学。西晋咸宁二年(276),始设国子学,与太学并立。南北朝时,或设国子学,或设太学,或两者同设。隋朝时,隋文帝以国子寺总辖国子、太学、四门等学,隋炀帝又改国子寺为国子监,唐宋承其制。元代设国子学、蒙古国子学、回回国子学,也分别设监领学。明清则仅设置国子监,兼具国子学性质。清代末期设置学部,国子监被废除,其教育管理功能并入学部。国子监的学生称为"监生"。在漫长的历史发展过程中,国子监不仅为中国培养了大量文官及学者,还培养了一批又一批的外国留学生,在中国教育史及世界教育史上留下了光辉的一页。

翰林院 Hanlin Academy

翰林院是中国古代宫廷内的一个官署,设立于唐朝。唐玄宗后以文学之士为"翰林待诏""翰林供奉",后又改名为"翰林学士",专掌内命,别建学士院以居之。翰林院遂成为专掌技艺供奉的内廷机构。在院任职与曾经任职者被称为翰林官,简称"翰林",宋朝后成为正式官职,并与科举制度接轨。明朝以后,翰林院成为养才储望之所,负责修书撰史,起草诏书,为皇室成员侍读,担任科举考官等。在各朝各代,翰林始终是社会中地位最高的读书人群体,集中了当时知识分子中的精英,同时翰林院在国家的政治生活中也对皇帝处理政务有重大影响。

同文馆 Tongwen College

同文馆即京师同文馆,是清末第一所官办外语专门学校,由恭亲王奕䜣等于同治元年(1862)开办。同文馆属总理各国事务衙门,最初以培养翻译、洋务人才为目的,聘请外国人为教习,开始时只设英文馆,后来增设法文、德文、俄文、日文等馆。同治六年(1867)又开天文算学馆,讲授几何原本、天文测算等。此外,同文馆还附设翻译处与印书处,编译出版自然科学、国际法、经济学等方面的书籍。另建有星台(天文台)、物理实验室、化学实验室、博物馆等。光绪二十八年（1902），同文馆并入京师大学堂（北京大学前身）。

京师大学堂 Imperial University of Peking

京师大学堂是中国近代第一所由中央政府建立的综合性大学。1898年，清光绪皇帝宣布创办京师大学堂，它既是当时国家最高学府，也是国家最高教育行政机关，行使教育部职能，统管全国教育。1898年，梁启超在起草《总理衙门筹议京师大学堂章程》中强调"中体西用"，他指出："夫中学体也，西字用也，二者相需，缺一不可，体用不备，安能成才。"强调大学堂的核心是培养人才。1910年，京师大学堂开办分科大学，共有经科、法政科、文科、格致科、农科、工科、商科等7科。1912年，京师大学堂更名为"北京大学"。

09-04 教育家

蔡元培 Cai Yuanpei

蔡元培（1868—1940），字鹤卿，浙江绍兴人，中国教育家、民主革命家。蔡元培是清光绪进士，翰林院编修，早年曾任绍兴中西学堂监督。1902年，与蒋智由等发起组织中国教育会，创办爱国学社和爱国女学，宣传民主革命思想；1904年，与陶成章等组织光复会，次年参加同盟会；1907年，赴德国留学；1912年回国，任南京临时政府教育总长，发表《对于教育方针之意见》。蔡元培重视公民道德教育及世界观、人生观的培养，强调美育，倡导自由思想，致力革除"读书为官"的旧俗，开创科学研究之风气。在担任北京大学校长期间，他倡导"思想自由""兼容并包"，使北京大学成为中国思想活跃、学术兴盛的最高学府。蔡元培是中国文化界的卓越先驱。

陶行知 Tao Xingzhi

陶行知（1891—1946），原名文濬（jùn），安徽歙县人，中国教育家。陶行知曾留学美国，师从实用主义教育家杜威（John Dewey），回国后担任南京高等师范学校教务主任，继任中华教育改进社总干事，推动平民教育运动。他也是最早注意到乡村教育问题的人之一，1926年，起草发表了《中华教育改进社改造全国乡村教育宣言》。生活教育理论是陶行知教育思想的核心，他提出"生活即教育""社会即学校""教学做合一"等主张。他以"捧着一颗心来，不带半根草去"的真诚之心为中国教育探寻新路，不仅在理论上进行探索，还以"甘当骆驼"的精神努力践行平民教育。

10 科学与技术

　　古代中国科技成果众多，尤其在地学、农学、医学、数学、天文学等方面取得了辉煌的成就。从商周开始，古代中国的科学与技术历经春秋战国、秦汉、魏晋南北朝、隋唐时期的发展，到宋朝达到了鼎盛时期，著名的四大发明就是一个很好的例证。四大发明指造纸术、指南针、火药、印刷术，这4种发明对中国古代政治、经济、文化的发展起到了巨大的推动作用，它们通过各种途径传至西方，对世界文明的发展也产生了重要影响。明清时期，受海禁及闭关锁国政策的影响，科学技术开始衰落。1949年中华人民共和国成立以后，特别是1978年改革开放以来，中国的科学技术获得了长足发展，中国在计算机、生物工程、新能源、新材料、航空航天等领域都取得了重大成果。20世纪80年代以来，中国政府先后推出国家高技术研究发展计划（即"863计划"）和科教兴国战略，大大促进了中国科学技术的发展。

　　给学生讲授中国的科学与技术，建议：首先，着重于具有世界性影响的科技成就，如至今仍在我们生活中具有广泛实用价值的二十四节气等；其次，可突出当代中国取得的最新成就，如"嫦娥计划"等；最后，还应注重从日常生活导入，如从我们每天都要吃的米饭可以引入"世界杂交水稻之父"袁隆平等。

10-01 天文与历法

纪年 Chronological Record of Events

纪年是人们给年代起名的方法，主要有干支纪年、帝王纪年、公元纪年等。中国早在公元前 2000 多年就有了自己的历法，在相当长的历史时期使用的是"干支纪年"，即把十天干和十二地支分别组合起来，每 60 年为一个周期，如甲子年、戊戌年等。在不同的朝代，也以帝王年号纪年，如开元九年、康熙十六年等。1949 年 9 月 27 日，中国人民政治协商会议第一届全体会议一致通过，中华人民共和国采用公元纪年，即国际通行的纪年体系，如 1919 年、2019 年等。

天干、地支 Celestial Stems and Terrestrial Branches

天干、地支，简称"干支"，源自中国远古时代对天象的观测。十天干为甲、乙、丙、丁、戊、己、庚、辛、壬、癸，十二地支为子、丑、寅、卯、辰、巳、午、未、申、酉、戌、亥。十天干和十二地支依次相配可以组成 60 个基本单位，两者按固定的顺序相互配合就组成了干支纪年法。天干地支的发明影响深远，至今仍在历法、计算、命名等方面使用。

农历 Lunar Calendar

农历是中国现行的夏历，因其包含有二十四节气用以指导农业生产，故称"农历"，也有"阴历""夏历"等称法。农历并不是纯阴历，而是一种阴阳合历，是兼顾太阳、月亮与地球关系的一种历法。农历的年份分为平年和闰年，平年为 12 个月，闰年为 13 个月。月份分为大月和小月，大月 30 天，小月 29 天。

正月 the First Lunar Month

正月一般指中国夏历一年的第一个月，时间一般在公历的一月或二月。正月的第一天，也就是正月初一，是中国汉族、满族、壮族等多个民族最重要的传统节日——春节。

腊月 the Twelfth Lunar Month

腊月是中国农历的十二月。腊月里，传统的民俗活动很多，主要是祭祀方面的。"腊"本为岁终的祭名，汉应劭（shào）《风俗通义》中说："腊者，猎也，言田猎取禽兽，以祭祀其先祖也。"还有一种说法："腊者，接也；新故交接，故大祭以报功也。"不论是打猎后以禽兽祭祖先，还是因新旧之交而祀神灵，都是在进行祭祀活动，所以说腊月是个祭祀之月。

星宿 Constellation

星宿（xiù）是天文学术语，指日、月、五星（金星、木星、水星、火星、土星）栖宿的场所。中国古人将黄道（地球上看太阳于一年内在恒星之间所走的视路径）附近划分为28组，俗称"二十八宿"；按东西南北四方各七宿划分星空，即为"四象"：东方苍龙，西方白虎，南方朱雀，北方玄武。中国古代地理名著《三辅黄图》中说："苍龙、白虎、朱雀、玄武，天之四灵，以正四方。"四方二十八宿便是中国古人观测天象及日、月、五星运行的标志。

节气 Solar Terms

节气是指农历中表示季节变迁的24个特定节令，根据地球在黄道上的位置变化而制定，是农事活动的主要依据，始于立春，终于大寒，具体名称是：立春、雨水、惊蛰、春分、清明、谷雨、立夏、小满、芒种、夏至、小暑、大暑、立秋、处暑、白露、秋分、寒露、霜降、立冬、小雪、大雪、冬至、小寒、大寒。为了轻松地记住二十四节气的名称与时间，人们还编了一首《二十四节气歌》："春雨惊春清谷天，夏满芒夏暑相连。秋处露秋寒霜降，冬雪雪冬小大寒。每月两节不变更，最多相差一两天。上半年来六廿一，下半年是八廿三。"

浑天仪 Armillary Sphere

浑天仪，亦称"浑象"，是表示天象运转的仪器，类似现代的天球仪。由东汉张衡创制。它用漏壶滴出的水驱动齿轮，带动浑象绕轴旋转，并使浑象的转动与地球的周日运动同步，将天象准确地表示出来。

郭守敬 Guo Shoujing

郭守敬（1231—1316），邢台（今河北邢台）人，元代著名天文学家、数学家、水利工程专家，著有《推步》《立成》《历议拟稿》等，与王恂（xún）、许衡等编制《授时历》。为了修订历法，郭守敬还创造和改进了测量天体位置的简仪等仪器。除了天文学，郭守敬在水利方面也做出了巨大贡献，如修建古渠、运河等。1970 年，国际天文学会将月球上一座环形山命名为"郭守敬环形山"。1977 年 3 月，国际小行星中心将小行星 2012 命名为"郭守敬星"。

10-02 地学

候风地动仪 Houfeng Seismograph

候风地动仪是东汉科学家张衡（78—139）创制的测量地震的仪器，发明于东汉阳嘉元年（132），这是世界上第一台地动仪，虽已失传，但其应用记载于《后汉书·张衡列传》中。地动仪有 8 个方位，每个方位都有口含小铜球的龙头，其下是一只张口向上的蟾（chán）蜍（chú），如果有地震发生，小铜球便会落入蟾蜍口中，由此可测出地震发生的方向。永和三年（138）二月初三，地动仪一个方向的小铜球突然掉进了蟾蜍口中，当时雒（luò）阳（今洛阳）的人们没有感觉到地震发生，所以有人便说地动仪不灵。可过几天陇西（今甘肃东南部）有快马来报，说那里前几天发生了地震，人们便开始信服张衡的地动仪了。

《水经注》Commentary on the Waterways Classic

《水经注》是中国古代地理名著，作者是北魏时期地理学家郦道元（约 470—527）。《水经注》因注《水经》而得名，看起来是《水经》的注释，实际上是以《水经》为纲，详细记载了 1000 多条大小河流及相关的历史遗迹、神话传说、民俗风情等，是中国古代最全面、最系统的综合性地理著作。由于书中所引用的大量文献很多都散佚了，所以《水经注》还保存下来许多珍贵资料。

李四光 Li Siguang

李四光（1889—1971）是中国著名地质学家，中国现代地球科学和地质工作的主要领导人和奠基人之一。李四光提出了中国东部第四纪冰川存在的设想，建立了新的边缘学科地质力学。他发现了新华夏构造体系三个沉降带有广阔找油远景，还开创了活动构造研究与地应力观测相结合的预报地震途径，为中国地质学和石油工业的发展做出了杰出贡献。

10-03 农学

《齐民要术》Essentials of People's Livelihood

《齐民要术》是北魏农学家贾思勰撰写的一部综合性农学著作，大约成书于公元533年至544年间。《齐民要术》系统总结了6世纪以前黄河中下游地区劳动人民农牧业生产、食品加工与贮藏、野生植物利用、荒地治理等多方面的经验，被誉为"中国古代农业百科全书"。贾思勰曾任太守等官职，每到一处都非常重视农业生产，善于向经验丰富的农民学习，而且还亲自栽种农作物、饲养牲畜，并且进行各种实验。在此基础上，他认真研究与系统整理，最后完成了《齐民要术》这本著作。

《农政全书》Complete Treatise on Agriculture

《农政全书》是明代科学家、政治家徐光启（1562—1633）撰写的农业著作。徐光启是上海人，官至文渊阁大学士，毕生致力于农业、数学、天文、历法、水利等方面的研究，尤其精通农学。同时他还是一位中西文化交流的先行者，译有《几何原本》《泰西水法》等西方著作。《农政全书》成书于明崇祯年间，内容大致上可分为农政措施和农业技术两部分，自始至终贯穿着治国治民的"农政"思想，认为农业为治国之本，富国必以本业。

袁隆平 Yuan Longping

袁隆平（1930—2021）是中国杂交水稻育种专家，中国研究与发展杂交水稻的开创者，被誉为"杂交水稻之父"。袁隆平先后成功研发出"三系法"杂交水稻、"两系法"杂交水稻、超级杂交稻等，提出并实施"种三产四"工程，即运用超级杂交稻的技术成果，使三亩耕地产出四亩耕地的粮食，提高农民种粮的经济效益。鉴于袁隆平的杰出贡献，1999年，中国科学院北京天文台发现的一颗小行星被命名为"袁隆平"星。

10-04 算学

十进位值制 Decimal System

十进位值制是我们现在日常生活中常用的进位制，最晚在商代就开始使用了。十进位值制记数法是古代最先进、最科学的记数法，对世界科学与文化的发展有着不可估量的作用。正如英国科学家、中国科技史研究专家李约瑟所说："如果没有这种十进位制，就几乎不可能出现我们现在这个统一化的世界了。"

算筹和算盘 Counting Rod and Abacus

算筹和算盘都是中国传统的计算工具，其产生时期已不可考，但算筹在春秋时期已广泛使用，而算盘一般认为起源于唐宋时期，北宋名画《清明上河图》中一家药铺的柜台上就放着一架算盘。算筹是一种小竹棍，西汉时一般271枚为一束。算筹以纵横两种排列方式表示单位数目，表示多位数时个位用纵式，十位用横式，百位用纵式，千位用横式，以此类推，遇零则置空。算盘即在木框中设一排细杆，每个细杆上穿7颗可上下移动的扁圆珠，中间置一横梁，梁上2珠，每珠代表5，梁下5珠，每珠代表1，可做加减乘除计算。

《九章算术》 Nine Chapters on the Mathematical Art

《九章算术》是中国古代第一部数学专著，是《算经十书》中最重要的一部，作者已不可考，现在流传的大多是三国时期魏景元四年（263）刘徽的注本。《九章算术》总结了战国、秦、汉时期的数学成就，同时还有独到的贡献，如最早提到分数问题、首次记录盈不足术（解决盈亏类问题的一种算术方法）、最早阐述负数及其加减运算法则等。《九章算术》标志着中国古代数学已经形成了完整的体系。

割圆术 Cyclotomic Method

割圆术由魏晋时期数学家刘徽（约225—约295）首创，是用无穷小分割方法和极限思想证明圆面积公式并求圆周率近似值的方法。西周时期，数学家商高曾与周公讨论过圆与方的关系问题。战国时期，墨子的著作《墨经》给出圆的定义："圜，一中同长也。"意思是圆只有一个中心，圆周上每一点到中心的距离相等。东汉时期，数学著作《九章算术》方田章圆田术注中指出，从圆内接正六边形开始割圆，"割之又割，以至于不可割，则与圆合体，而无所失矣"。将与圆周合体的正多边形进行无穷小分割，求其面积之和，从而证明了《九章算术》提出的圆面积等于半周与半径之积的公式。这种方法就是数学史上著名的"割圆术"。

祖冲之 Zu Chongzhi

祖冲之（429—500），中国南北朝时期杰出的数学家与天文学家。他在刘徽开创的探索圆周率精确方法的基础上，首次将圆周率精算到小数第7位，即在3.1415926和3.1415927之间。他的圆周率精确值当时在世界上遥遥领先，直到1000多年后阿拉伯数学家阿尔·卡西才超过他，所以国际上曾提议将"圆周率"定名为"祖率"。此外，祖冲之撰写的《大明历》为后世的天文研究提供了重要依据。

沈括 Shen Kuo

沈括（1031—1095），号梦溪丈人，钱塘（今浙江杭州）人，北宋科学家，一生致力于科学研究，在许多领域都有卓越的成就。《宋史·沈括传》称沈括"博学善文，于天文、方志、律历、音乐、医药、卜算无所不通，皆有所论著"。沈括的代表作为《梦溪笔谈》，集前代科学成就之大成，是一部涉及自然科学、工艺技术的综合性笔记体著作。内容涉及天文、数学、物理、化学、生物等多个学科，总结了中国古代，特别是北宋时期的科学成就，被英国科学家、中国科技史研究专家李约瑟评价为"中国科学史上的里程碑"。

10–05 医学

中医学 Traditional Chinese Medicine Science

中医学指中国汉族的传统医学，俗称"中医"，是研究人体生理、病理及疾病诊断与治疗的一门学科。中医以"阴阳五行"等作为理论基础，将人体看成气、形、神的统一体，通过"望闻问切"探求病因，而后使用中药、针灸、推拿、按摩、拔罐、气功、食疗等多种治疗手段使人体达到阴阳调和，从而康复。2018年10月1日，世界卫生组织首次将中医纳入其具有全球影响力的医学纲要。

药食同源 Homology of Medicine and Food

"药食同源"是中国传统中医理论，有两种含义：一是很多食物是药物，很多药物也是食物，它们都能够防治疾病，古代医学家认为食物有"四性"（寒、热、温、凉）、"五味"（辛、甘、酸、苦、咸），人们可以根据体质或病情选取具有一定保健或治疗作用的食物进行食疗，同样可以在一定程度上缓解身体不适；二是中药与食物来源相同，都来自植物与动物。

医道同源 Homology of Traditional Chinese Medicine and Taoism

"医道同源"指中医学与道教理论渊源相通。《黄帝内经》曰："人与天地相参也，与日月相应也。"把中医学摆在天、地、人这样一个大系统中进行研究的理念出于道家，所以《黄帝内经》认为，一个医生要真正掌握医道，就必须"上知天文，下知地理，中知人事"。把对医家的要求与道家的标准等同起来，这是医通于道，或者说医道同源的根本所在。

望闻问切 Observation, Auscultation and Olfaction, Interrogation, and Pulse Feeling and Palpation

"望闻问切"是中医诊断疾病的四种方法，称为"四诊法"。"望"指观气色，对病人的神、色、形、态等进行有目的的观察，以了解身体的状况；"闻"指听声息，凭患者语言与气息的高低、强弱、清浊、缓急，以及呼吸咳嗽散发出来的气味等来判断病情；"问"指问症状，即询问患者既往病史与家族病史、起病原因、发病经过等情况；"切"指摸脉象，通过体察脉象变化来了解脏腑功能盛衰。中医通过"望闻问切"进行综合分析，以便对患者的疾病做出判断与治疗。

中药 Traditional Chinese Medicine

中药即中医用来治疗和预防疾病的传统药物，主要来源于天然药材及其加工产品，包括植物药、动物药、矿物药等。由于中药以植物药居多，所以有"诸药以草为本"的说法。中药有着深厚的理论基础，如中药讲究"四气五味"，所谓"四气"，即指寒、热、温、凉4种不同的药性，它反映了药物对人体阴阳盛衰、寒热变化的作用倾向，与所治疗疾病的性质是相对的；所谓"五味"，即指酸、苦、甘、辛、咸5种不同的味道，用人体感觉器官可以辨别出来，但又不仅仅是药物味道的真实反映，更重要的是对药物作用的高度概括。

同仁堂 Tongrentang

同仁堂是中国中药行业著名的老字号，具有独特的品牌文化。清康熙八年（1669），乐显扬创立同仁堂药室。1706年，乐显扬之子乐凤鸣完成了《乐氏世代祖传丸散膏丹下料配方》一书，在序言明确提出"炮制虽繁必不敢省人工，品味虽贵必不敢减物力"的训条，成为历代同仁堂人的制药原则。清雍正元年（1723），皇帝钦定同仁堂供奉清宫御药房用药，历经八代皇帝，时间达 188 年之久。中华人民共和国成立后，同仁堂于 1954 年率先实行了公私合营。1992 年，北京同仁堂组建集团公司，并在人民大会堂隆重召开成立大会。同仁堂一直秉承"同修仁德，济世养生"的宗旨，以"配方独特、选料上乘、工艺精湛、疗效显著"而享誉海内外，产品行销许多国家和地区。

针灸 Acupuncture and Moxibustion

针灸是针刺和灸法的总称，是中医治疗疾病的方法。针刺即用针具刺入患者体内，采取各种针刺手法对人体特定部位进行刺激，从而达到治疗疾病的目的，刺入点称为"穴位"。灸法是以预制的灸炷或艾叶等在体表一定的穴位上进行烧灼，利用热刺激来治疗疾病，最常用的是艾草灸、柳条灸、桑枝灸等。

刮痧 Scrapping Therapy

刮痧是中医治疗疾病的一种方法，以中医经络穴位理论为指导，通过特制的刮痧器具和相应的手法，在体表进行反复刮动与摩擦，使皮肤呈现暗红色出血点，从而起到活血的作用。因其具有简单、方便、廉价、有效等特点，临床应用比较广泛，适合医疗及家庭保健。

拔罐 Cupping Therapy

拔罐是中医治疗疾病的一种方法，具体来说，是以罐为工具，利用燃火、抽气等方法产生负压，使之吸附于体表，造成局部淤血，起到通经活络、消肿止痛、祛风散寒等作用。拔罐疗法在中国有着悠久的历史，西汉帛书《五十二病方》中就有关于"角法"的记载，角法就是类似于后世拔罐的治病方法。

《黄帝内经》 The Classic of Internal Medicine

《黄帝内经》是中国较早的医学典籍，相传为黄帝所作，但一般认为此书最终成型于西汉，作者亦非一人，是由历代黄老医家传承增补而作。《黄帝内经》在道家理论上提出了中医学"阴阳五行""脉象""经络""病因""养生"等重要理论，基本素材来源于古人对生命现象的长期观察与大量临床医疗实践。《黄帝内经》奠定了古代中国人对人体生理、病理、诊断、治疗的认识基础，对后世影响深远，被称为"医之始祖"。

《神农本草经》Shen Nong's Classic of Materia Medica

《神农本草经》是现存最早的中药著作，成书非一时，作者亦非一人，传说起源于神农氏（炎帝），而后代代口耳相传。其主体形成于西汉时期，东汉时期整理成书，是对中医药的第一次系统总结。《神农本草经》阐述了中药学理论和药物配伍规则，提出"七情和合"之说，即两味或两味以上的药配在一个方剂中，相互之间会产生一定的反应，这种反应有的有益，有的则有害。这些理论在后世用药中发挥了巨大作用，是中医药药物学理论发展的源头。

华佗 Hua Tuo

华佗（约145—208），字元化，沛国谯（qiáo）县（今安徽亳州）人，东汉末年著名医学家，被称为"神医"。华佗经过数十年的医疗实践，熟练掌握了养生、方药、针灸、手术等治疗手段，尤其精于手术，被誉为"外科圣手""外科鼻祖"。同时，他还精通内、妇、儿各科，诊断精确，用药精当。其所留医案在《三国志》中有16则、《华佗别传》中有5则、其他文献中有5则，共26则。华佗还发明了麻沸散，开创了世界麻醉药物的先例。此外，他还长于养生，发明了"五禽戏"，模仿各种动物进行医疗体育锻炼。

张仲景 Zhang Zhongjing

张仲景（约150—219），名机，南阳郡涅阳（今河南南阳）人，东汉末年著名医学家，被后人尊称为"医圣"。张仲景的著作《伤寒杂病论》确立的辨证施治原则是中医临床的基本原则，尤其是"六经辨证"，受到历代医学家的推崇。这种"辨证"方法是对疾病演变过程中的各种症状进行综合分析，归纳其寒热趋向、邪正盛衰，进而区分为太阳、阳明、少阳、太阴、少阴、厥（jué）阴六经病。同时，《伤寒杂病论》还记载了大量方剂并多有创新，对中药的发展做出了巨大贡献。

李时珍 Li Shizhen

李时珍（1518—1593），蕲（qí）州（今湖北蕲春）人，明代著名医药学家。自嘉靖三十一年（1552）起，李时珍赴各地收集药物标本和处方，并拜农民、渔人、樵夫、药工等为师，参考历代医药著作，历经27年，三易其稿，终于在万历六年（1578）完成药学巨著《本草纲目》。《本草纲目》共52卷，采用"目随纲举"的编写体例，首先阐述了本草要籍与药性理论，而后收药1892种，附图1100余幅，以部为"纲"，以类为"目"，各部按"从微至巨"和"从贱至贵"的原则排列，既便于检索，又体现出生物进化发展的思想，使用起来十分方便。

屠呦呦 Tu Youyou

屠呦呦（1930—　），浙江宁波人，中国著名药学家，多年从事中药和中西药结合研究，突出贡献是发现新型抗疟（nüè）药——青蒿素和双氢青蒿素。这种药品可以有效降低疟疾患者的死亡率，已经挽救了全球特别是发展中国家数百万人的生命。屠呦呦因此获得2015年诺贝尔生理学或医学奖，成为第一位获得诺贝尔科学奖项的中国本土科学家，也是第一位获得诺贝尔生理或医学奖的华人科学家。

10-06 航天与航空

钱学森 Qian Xuesen

钱学森（1911—2009），中国著名科学家，中国载人航天事业的奠基人，被誉为"中国航天之父"。1956年，钱学森组建了中国第一个火箭、导弹研究所，主持完成了"喷气和火箭技术的建立"规划。1970年4月24日中国第一颗人造卫星发射成功。钱学森在20世纪40年代就已经成为航空航天领域内最为杰出的代表人物之一，在航天学、应用力学、物理力学、工程控制论等许多领域都做过开创性的工作，是中国科学界影响最大、功勋最卓著的代表人物之一。

"东方红一号" Dongfanghong-1 Satellite

"东方红一号"即"东方红一号"卫星，是中国自行研制并发射的第一颗人造地球卫星，由中国空间技术研究院在院长钱学森的领导下研制成功。1970年4月24日21时35分，"东方红一号"卫星从酒泉卫星发射中心发射，21时48分进入预定轨道。该卫星的成功发射标志着中国成为继苏联、美国、法国、日本之后世界上第五个用自制火箭发射国产卫星的国家，在国际上引起强烈反响。这颗卫星的成功发射证明了中国一直在依靠自己的力量为人类的幸福和进步进行宇宙开发，表明中国的科学技术和工业进步达到了新的高度。

"神舟五号" Shenzhou-5 Spacecraft

"神舟五号"是"神舟号"系列飞船中的第五艘，也是中国第一艘载人飞船，于2003年10月15日在酒泉卫星发射中心发射，将航天员杨利伟及一面具有特殊意义的中国国旗送入太空，2003年10月16日返回地面。这次航天飞行的主要任务是完成首次载人飞行试验，其成功发射与返回标志着中国成为继苏联和美国之后第三个将人类送上太空的国家，是中国航天史上的又一座里程碑。

"嫦娥一号" Chang'e-1 Satellite

"嫦娥一号"是中国第一颗绕月人造卫星，以中国古代神话人物嫦娥命名，由中国空间技术研究院研制而成。"嫦娥一号"星体为长方体，两侧各有一个太阳能电池帆板，主要探测目标是获取月球表面的三维立体影像，分析月球表面元素的含量和物质类型的分布特点，探测月壤厚度和地球至月球的空间环境。2007年10月24日，"嫦娥一号"卫星在西昌卫星发射中心升空，运行在距月球表面200千米的圆形极轨道上，2009年3月1日完成使命。

"天宫"空间实验室 "Tiangong" Space Laboratory

"天宫"空间实验室是中国自主研发的太空实验室，是一种具有多种用途、可重复使用的载人航天科学实验空间站，苏联、美国和欧洲航天局已于20世纪70—80年代率先研发成功。2011年9月29日，中国空间实验室的雏形"天宫一号"在酒泉卫星发射中心发射成功。2016年9月15日，中国首个真正意义上的空间实验室——"天宫二号"空间实验室在酒泉卫星发射中心发射成功。2016年10月19日，"神舟十一号"飞船与"天宫二号"自动交会对接成功。2016年10月23日，"天宫二号"的伴随卫星从"天宫二号"上释放成功。

"玉兔号"月球车 "Yutu" Moon Rover

"玉兔号"是中国首辆月球车，和着陆器共同组成"嫦娥三号"探测器，能源为太阳能，能够耐受月球表面多种极端环境，并配备有全景相机、测月雷达等多种科学探测仪器。2013年12月2日，中国在西昌卫星发射中心成功将"嫦娥三号"送入轨道。2013年12月15日，"玉兔号"月球车与"嫦娥三号"着陆器分离，顺利驶抵月球表面。2016年7月31日，"玉兔号"月球车超额完成任务，一共在月球上工作了972天。"玉兔号"是中国在月球上留下的第一个足迹，具有深远的意义。

"北斗"卫星导航系统 Beidou (Compass) Navigation Satellite System

"北斗"卫星导航系统是中国自行研制的全球卫星导航系统，是继美国GPS、俄罗斯GLONASS之后的第三个成熟的卫星导航系统。由空间段、地面段、用户段三部分组成，可在全球范围内为各类用户提供高精度定位与导航服务。2017年11月5日，中国第三代导航卫星顺利升空，标志着中国正式开始构建"北斗"全球卫星导航系统。2018年12月27日，"北斗"卫星导航系统服务范围由区域扩展为全球，正式迈入全球时代。2020年6月23日，最后一颗导航卫星发射成功，"北斗"卫星导航系统正式建成，并于当年7月31日正式开通。

国航 Air China

"国航"是中国国际航空股份有限公司的简称，1988年在北京成立，在航空客运、货运及相关服务等方面都处于领先地位。国航是中国唯一载国旗飞行的民用航空公司。2007年，国航加入了世界最大的航空联盟——星空联盟。国航的企业标志是一只艺术化的红色凤凰，传说这种神奇的鸟在哪里出现，就会给哪里带来吉祥与幸福。国航的吉祥物是胖安达，是熊猫的英文"panda"的谐音，寓意平安美好。

C919 客机 COMAC919

C919客机是中国第一款按照最新国际适航标准研制的、具有自主知识产权的干线民用飞机，由中国商用飞机有限责任公司于2008年开始研制。C是英文缩写China的首字母，也是该公司英文缩写COMAC的首字母，第一个"9"寓意天长地久，"19"表示最大载客量为190座。2017年5月5日，C919客机首飞成功。2018年2月6日，中国商用飞机有限责任公司宣布将于2021年交付首架C919客机。2022年5月14日，C919客机完成首次试飞。2023年6月，C919客机完成了首个商业航班飞行，正式进入民航市场。

11 中外文化交流

　　中国与外国进行文化交流至迟始于春秋战国时期，而且随着历史的发展越来越频繁，越来越深入。汉代张骞出使西域，开通丝绸之路，在丝绸西去的同时，佛教也东来传入中国。唐朝采取开放政策，都城长安成为国际化都市，中外贸易往来与文化交流空前繁荣。明代中外文化交流已远达西欧国家，官方与民间交往都远超前代，如互派政治使节，进行商业贸易，以及留学、传教、移民等。郑和下西洋是历史上中外贸易往来与文化交流的盛事，东来的欧洲耶稣会士则在传播天主教的同时，带来了西方的科学技术。20世纪以后，中国学生赴欧美国家留学形成潮流，所学专业极其广泛，涉及政治、经济、法律、科学、技术、艺术等诸多方面。1949年，中华人民共和国成立以来，中外文化交流进入了新的阶段，尤其是改革开放以来，在全球化日益加深的背景下，经济的往来与文化的互鉴形成了双赢或多赢的局面。

　　给学生讲授中外文化交流，建议：首先，选择既具有历史价值又具有现实意义的内容，如过去的丝绸之路与现在的"一带一路"倡议；其次，要注意文化交流的双向性，如西学东渐、东学西传等；最后，还应古今并重，如张骞出使西域、郑和下西洋、北京奥运会、上海世博会等。

11-01 秦汉

徐福东渡 Xu Fu's Eastward Voyage

徐福东渡指秦始皇派遣徐福出海采仙药、徐福一去不复返的历史事件。徐福相传是齐地琅琊（今山东青岛）人，秦朝著名方士（中国古代好讲神仙方术、从事巫神术数的人）。他博学多才，精通医学、天文、航海等知识，秦始皇一心想万寿无疆、传位百世，便派遣徐福率领数千人的庞大船队出海寻求长生不老之药。徐福两次东渡，第二次去而未返，传说是去了日本，而且带去了古代中国的"百工之事"，如水稻种植技术、中草药等。日本文献中也有很多相关记载，多尊徐福为"司农耕、医药之神"。

张骞出使西域 Zhang Qian's Voyage to the Western Regions

张骞出使西域指的是汉武帝派遣张骞到西域访问的历史事件。建元二年（公元前139），汉武帝招募使者出使大月氏，想与之共击匈奴。张骞应招出任使者，从长安出发，往返途中均被匈奴俘获，历时13年，至元朔三年（公元前126）才回到长安。张骞出使西域打通了汉朝通往西域的道路，使汉朝与西域各地经济与文化的交往日益频繁，并最终形成了著名的丝绸之路，具有特殊的历史意义。

丝绸之路 Silk Road

丝绸之路与西汉张骞出使西域开辟的道路密切相关，以都城长安（今西安）为起点，经甘肃、新疆到中亚、西亚，并连接地中海各国，早期主要运输中国出产的丝绸。1877年，德国地理学家李希霍芬（Ferdinand von Richthofen）在《中国》一书中把这条道路命名为"丝绸之路"。2014年6月22日，中国、哈萨克斯坦、吉尔吉斯斯坦三国联合申报的"丝绸之路：长安——天山廊道的路网"被成功列入《世界遗产名录》，成为中国首例跨国合作、成功申遗的项目。

海上丝绸之路 Maritime Silk Road

海上丝绸之路是古代中国与外国进行贸易和文化交往的海上通道，形成于秦汉，发展于三国至隋朝，繁荣于唐宋，转变于明清，是已知最古老的海上航线。海上丝绸之路在中国的起点主要是广州、泉州、宁波3个主港和其他支线港。广州港从3世纪30年代起就已经成为海上丝绸之路的主港，唐宋时期更成为中国第一大港。宋末元初，泉州成为中国第一大港，与埃及的亚历山大港并称为"世界第一大港"，且这一起点已经得到联合国教科文组织的承认。宁波港在东汉初年发展成为与日本交往的窗口，唐宋时成为中国对外贸易大港。这些港口在现代海运中依然发挥着重要作用。

11-02 唐宋

市舶司 Maritime Trade Commission

市舶司是宋、元、明三朝在海港设立的管理海上对外贸易的官府，相当于现在的海关。唐玄宗开元年间便于广州设立市舶使（市舶司的前身），负责向前来进行贸易交流的船舶征收关税，对市舶贸易进行监督和管理；宋代重视海外贸易，在杭州、温州等多处设市舶司；元同宋制，于广东、福建等地设市舶提举司；明清两朝反复海禁，多处市舶司被撤销。市舶司作为中国古代的外贸机关，见证了宋、元、明三朝海上贸易的兴盛。

遣唐使 Imperial Embassies to Tang Dynasty

遣唐使即中国唐朝时期日本为了学习中国文化而向唐朝派出的使节。派遣次数之多、规模之大、时间之久，可以说是中日文化交流史上的盛举。630年，舒明天皇第一次派出遣唐使，随后在630—894年的260余年间，日本朝廷一共派遣了10余次遣唐使团，每次都达百人以上，甚至多至五六百人。中国的许多制度律令、文化艺术、科学技术、风俗习惯都是通过他们传入日本的。遣唐使对推动日本社会的发展和促进中日友好交流做出了巨大贡献。

玄奘西行 Xuanzang's Journey to the West

玄奘西行指唐朝僧人玄奘去天竺（今印度）取经的历史事件。玄奘

（602—664）本名陈祎（yī），洛州缑（gōu）氏（今河南偃师）人，唐代著名高僧，被尊称为"三藏法师"，后世俗称"唐僧"。为探究佛教各派学说，获取真经，玄奘于贞观三年（629）从长安出发，西行前往天竺取经，贞观十九年（645）归来，带回佛舍利150粒、佛像若干躯、佛经657部。玄奘撰写了《大唐西域记》，记述他所到之处的山川、物产、习俗等，有极高的史料价值。玄奘倾其后半生精力，译佛经74部，共1335卷，如《瑜伽师地论》等。他不仅丰富了中国的佛学经典，还为中国的翻译学做出了贡献。另外，中国古典名著《西游记》就是以玄奘取经为原型创作的。

鉴真东渡 Jianzhen's Eastward Voyage

鉴真东渡指唐朝僧人鉴真（688—763）前往日本传授佛教与传播唐朝文化的历史事件。鉴真原姓淳于，14岁出家，由于勤奋好学而成为唐代高僧。天宝元年（742），鉴真应日本僧人邀请赴日传戒，先后六次东渡，历尽千辛万苦，终于在754年到达日本。他留居日本近10年，传播了唐朝多方面的文化成就。鉴真根据唐代寺庙的样式为日本设计了唐招提寺，有金堂、讲堂、宝库、东塔、鼓楼等建筑，至今仍是日本著名的佛教建筑。

阿倍仲麻吕 Abeno Nakamaro

阿倍仲麻吕（约698—770），日本遣唐使，汉名晁衡。他于开元五年（717）入唐，因"慕中国之风"不肯离去，改名晁衡，长居都城长安（今西安），入国子监太学，后参加科举考试高中进士。开元十三年（725），任洛阳司经校书，负责典籍整理。其著名诗作《望月望乡》被《全唐诗》收录。

崔致远 Cui Zhiyuan

崔致远（857—？），字孤云，号海云，朝鲜半岛新罗人。他12岁入唐，在都城长安（今西安）就读，后进士及第，出任县尉、都统巡官等职。公元884年，他以"国信使"身份东归新罗。崔致远在留唐16年间与唐末文人诗客交游甚广，并写有大量诗文，《全唐诗》收录了他的诗作，《四库全书》收录了他的诗文集《桂苑笔耕》，《新唐书·艺文志》也有他的传记。

11-03 元明清

《马可·波罗游记》 The Travels of Marco Polo

《马可·波罗游记》是公元13世纪意大利旅行家、商人马可·波罗记述他在地中海、欧亚大陆游历的长篇游记，共4卷。第2卷是关于中国的，主要记载了元世祖忽必烈时的宫殿、都城、朝廷、节庆、游猎等事，还记载了其自大都南行至杭州、福州、泉州等地的见闻，内容涉及山川地形、气候物产、商贾贸易、社会生活、宗教信仰、风俗习惯等许多方面。马可·波罗是第一个游历中国及亚洲其他国家的意大利旅行家，这部游记是西方人了解东方的第一部著作，向整个欧洲打开了神秘的东方之门。

郑和下西洋 Zheng He's Voyages to the Western Seas

"郑和下西洋"是指明永乐三年（1405）至宣德八年（1433）由郑和率舰队进行的海上远航活动。郑和7次奉旨率船队远航西洋，航线从西太平洋穿越印度洋，途经30多个国家或地区，最远到达西亚和非洲东岸，开辟了贯通太平洋西部与印度洋等大洋的航线。郑和下西洋是中国古代规模最大、船只最多、时间最久的海上航行，促进了中外贸易的发展，加强了中外文化的交流，也留下了航海图和介绍沿岸国家或地区的地理著作，影响极其深远。

耶稣会士东来 Jesuits Came to the East

"耶稣会士东来"指16世纪中叶欧洲天主教的耶稣会士到东方来传教的事件。1534年，西班牙贵族依纳爵·罗耀拉（Ignatius Loyola）在巴黎创立了耶稣会。1541年，开始派遣"教会远东使节"到亚洲传教，最早到中国大陆传教的耶稣会士是意大利的罗明坚（Michel Ruggieri），此后来华的耶稣会士中比较著名的有意大利的利玛窦（Matteo Ricci）、德国的汤若望（Johann Adam Schall von Bell）、比利时的南怀仁（Ferdinand Verbiest）等。这些传教士在传教的同时也向中国介绍了西方的科学，同时把中国的优秀典籍介绍给西方，为中西文化交流做出了重要贡献。

利玛窦 Matteo Ricci

利玛窦（1552—1610），意大利人，是耶稣会在中国内地传播天主教的开拓者之一。他于1582年到达澳门，1601年进京朝见明神宗，后定居北京。在传教期间，他学汉语、穿儒服，研读中国典籍，此外他还结交了许多中国官员和社会名流，并在中国学者的帮助下多有著述，如《天学实义》《几何原本》《西字奇迹》等，在中西文化与科学交流方面发挥了重要作用。

汤若望 Johann Adam Schall von Bell

汤若望（1591—1666），德意志人，耶稣会传教士、著名学者，在中国生活了47年，历经明清两朝，最重要的贡献是修订历法。明崇祯七年（1634），汤若望协助徐光启等完成《崇祯历书》，共46种，137卷，汤若望撰写了《交食历指》等19卷。《崇祯历书》引入欧洲天文学的研究方法，标志着中国天文学从此与世界天文学接轨，具有划时代的意义。明亡后，汤若望以其天文历法学识和技能供职清廷，于清顺治二年（1645）对《崇祯历书》进行了修订与增补，合成103卷，取名《西洋新法历书》。

威妥玛 Thomas Wade

威妥玛（1818—1895），英国外交官、著名汉学家，因发明"威妥玛式拼音"而著称，即用拉丁字母标注汉语发音系统，该注音系统后逐渐被汉语拼音取代。威妥玛在中国做外交官多年，曾任英国驻上海副领事、英国驻华公使等职，回国后成为剑桥大学首任汉语教授。威妥玛在华期间先后写了《寻津录》(1859)和《语言自迩集》(1867)两部汉语教材，系统记录了19世纪中期的北京官话音系，并通过注释提供了丰富的社会文化背景知识。

西学东渐 Eastward Transmission of Western Learning

"西学东渐"主要指明末清初及清末民初这一时期西方科学技术与学术思想向中国传播的历史过程，一般认为始自耶稣会士来华，名称出自晚清维新人物容闳的一本回忆录。这段时期，以来华西人、出国华人、西方书籍、新式教育为重要媒介，以各通商口岸和日本为主要窗口，西方的自然科学与社会科学大量传入中国，前者包括医学、化学、物理学、生物学、天文学、地理学等，后者包括哲学、法学、史学、文学、政治学、社会学、经济学、艺术学等，对中国产生了重大影响。

东学西传 Westward Transmission of Eastern Learning

"东学西传"主要指明清时期来华耶稣会士研习并向西方传播中国文化的活动。在语言文字方面，传教士编写了中西语言文字对照词典，如比利时柏应理的《拉丁汉文小辞汇》；在哲学思想方面，儒家经典被翻译成西文，如意大利利玛窦用拉丁文翻译《大学》《中庸》《论语》《孟子》，加写注释并取名《中国四书》；在地理学方面，中国地图在欧洲发行，如意大利卫匡国的《中国新图志》；在历史学方面，外国人开始撰写中国史书，如法国冯秉正的《中国通史》。除典籍外，中国的绘画、丝绸、瓷器、漆器等也受到欧洲人的青睐，中国的生活风尚同时传入欧洲。

容闳 Rong Hong

容闳（1828—1912），原名光照，广东香山南屏镇（今属珠海）人，中国近代著名教育家、外交家和社会活动家。容闳是第一个毕业于美国耶鲁大学的中国留学生，被誉为"中国留学生之父"，他的目标是"以西方之学术，灌输于中国，使中国日趋于文明富强之境"。容闳在清末洋务运动中参与创建了中国近代第一座机器工厂——江南制造局，组织了第一批官费赴美留学幼童，后来又投身维新变法运动，晚年流亡美国，但仍支持孙中山领导的革命斗争。容闳一生一直顺应历史潮流而动，为西学东渐和国家富强做出了巨大贡献。

戈鲲化 Ge Kunhua

戈鲲化（1838—1882），安徽休宁人，于清光绪五年（1879）赴美国哈佛大学任教。他不仅教授本校学生，也为相关学者或从事外交、海关、商业、传教事业的人开讲。不仅如此，他还为哈佛教授开设中国诗文讲座，并应邀到教授俱乐部去演讲。1880 年，戈鲲化成为哈佛大学毕业典礼上的贵宾。作为第一位受哈佛大学聘请的中国教师，戈鲲化很好地履行了他的职责，是中美文化交流史乃至整个中外文化交流史上的重要人物。

严复 Yan Fu

严复（1854—1921），福建侯官（今福建福州）人，是近代极具影响力的资产阶级启蒙思想家，著名翻译家、教育家与新法家代表人物。严复毕业于福建船政学堂与英国格林威治皇家海军学院，担任过上海复旦公学校长、北京大学校长、清朝学部名辞馆总编辑等职，并在北洋水师学堂任教，培养了中国近代第一批海军人才。作为翻译家，严复翻译了英国生物学家赫胥黎（Aldous L. Huxley）的《天演论》，主办《国闻报》，将西方的社会科学和自然科学介绍到中国，他提出的"信、达、雅"的翻译标准对后世产生了深远的影响。

11-04 当代

李小龙 Bruce Lee

李小龙（1940—1973），原名李振藩，出生于美国，祖籍广东，武术家。他在拳术、剑术、刀术、棍术等方面都有很深的造诣，是中国功夫片的开创者。他是第一位把中国功夫推向世界的推广者，让西方人认识了中国功夫，也是在好莱坞主演电影的第一位华人演员，与好莱坞合作的《龙争虎斗》全球总票房达 2.3 亿美元。在某种程度上说，李小龙已成为"功夫"的代名词，凭借一身功夫风靡全球。

北京奥运会 Beijing Olympic Games

北京奥运会，即第 29 届夏季奥林匹克运动会，2008 年 8 月 8 日—24 日在中国首都北京举办。这是奥运会第一次在中国举办，主办城市为北京，协办城市为上海、天津、沈阳、青岛、秦皇岛、香港。北京奥运会共有参赛国家和地区 204 个，参赛运动员 1 万余人，设 28 种、302 项运动，创造了 43 项世界新纪录与 132 项奥运会新纪录，有 87 个国家和地区在赛事中获得奖牌，中国以 51 枚金牌居金牌榜榜首，是奥运会历史上首个登上金牌榜榜首的亚洲国家。奥运会是集体育精神、民族精神与国际主义精神于一体的世界级运动盛会，象征着世界的和平、友谊和团结，北京奥运会的举办充分体现了这一宗旨。

上海世博会 Shanghai World Expo

上海世博会，即 2010 年 5 月 1 日至 10 月 31 日在上海举办的世界博览会，这是中国首次举办注册类世界博览会，主题为"城市，让生活更美好"。上海世博会的参展规模是空前的，共有 190 个国家、56 个国际组织参展，志愿者也最多，近 8 万名。作为首届以"城市"为主题的世界博览会，世界各国政府和人民围绕"城市，让生活更美好"这一主题充分展示城市文明成果，交流城市发展经验，传播城市建设理念，为新世纪人类生活和工作探索新的模式。

昆明世博园 Kunming World Horticultural Expo Garden

昆明世博园，即昆明世界园艺博览园的简称，为 1999 年 5 月 1 日至 10 月 31 日在昆明举办的世界园艺博览会（简称"昆明园博会"）的会址。这是中国首次举办园博会，此次园博会的主题是"人与自然——迈向 21 世纪"。园区建造将园博会主题与昆明自然环境结合起来，按照中国古典园林设计理念进行布局，展示了中国各地的园艺特色和 95 个国家的园林建筑与园艺品，体现了"人与自然和谐发展"的时代主题，是一个具有云南特色、中国气派的世界一流园艺博览园。

中外文化年 Year of Chinese and Foreign Culture

中外文化年是中国与其他国家为了推动双方的文化交流分别在对方国家举办的系列文化活动，充分体现出世界文化多样性的本质特征。例如，2003 年 10 月至 2004 年 7 月，中国在法国举办了"中国文化年"；2004 年

10月至2005年9月，法国又在中国举办了"法国文化年"。活动亮点有中国康熙时期文化展、法国印象派画展、中国中央民族乐团与法国巴黎国家交响乐团合作演出等。此外，中国与意大利、俄罗斯、卡塔尔等国家也成功互办了文化年活动，借文化年之机还举办了各种旨在促进双边旅游、贸易、教育等多个领域合作的研讨会，使双方的交流达到了更高的层次，涉及更宽的领域。

12 国情

　　国情是指一个国家在特定社会发展阶段的基本情况，包括政治制度、经济体制、文化传统、人民生活等。中国是以华夏文明为源泉、中华文化为基础、汉族人口占大多数的多民族国家，汉族与少数民族统称为"中华民族"。中国历史悠久，远古时期即有人类生活在这片土地上。几千年前，以中原地区为中心开始出现聚落组织，进而形成国家，又经多次民族融合与朝代更迭后成为大一统的多民族国家。中国前后历经了原始社会、奴隶社会、封建社会、半殖民地半封建社会等诸多社会形态。1911年，辛亥革命后，君主政体退出历史舞台，共和政体建立。1949年，中华人民共和国成立，建立了人民代表大会制度的政体。中国人口众多，宋代已突破1亿，清代突破4亿。2021年，据中国第七次全国人口普查，中国总人口数已超14亿。中国是一个发展中国家，始终坚持走和平发展之路，奉行独立自主的和平外交政策，以维护世界和平、促进共同发展为己任。

　　给学生讲解中国国情，建议：首先，让学生了解中国的基本情况，包括历史渊源、现实状况等；其次，可让学生进行中外国情对比，在对比中加强对中国国情特点的认识，如发展速度、人口问题等；最后，还可让学生谈谈自己在中国的经历或对中国的了解，如乘坐高铁、使用支付宝等，百闻不如一见，亲身体验更有效。

12-01 政治

中华人民共和国 People's Republic of China

中华人民共和国简称"中国"，位于亚洲东部，太平洋西岸。陆地总面积约960万平方千米，海域总面积约473万平方千米。中国陆地边界长度约2.2万千米，大陆海岸线长度约1.8万千米。海域分布着大小岛屿7600个，其中台湾岛最大，面积35759平方千米。中国同14个国家在陆地上相邻，与8个国家海岸相邻或隔海相望。省级行政区包括23个省、5个自治区、4个直辖市、2个特别行政区，首都是北京。中国的国旗为五星红旗，国歌为《义勇军进行曲》，国徽中间是五星照耀下的天安门，其周围是谷穗和齿轮。

人民大会堂 the Great Hall of the People

人民大会堂位于北京市天安门广场西侧，是中国全国人民代表大会开会和全国人民代表大会常务委员会办公的地方，也是中国党和国家领导人，以及人民群众举行重要的政治、外交和文化活动的场所。人民大会堂是为庆祝中华人民共和国成立10周年（1959）而建造的，正门面对天安门广场，门额上镶嵌着中华人民共和国国徽，迎面是12根大理石门柱，建筑风格庄严雄伟，主要由3部分组成：进门是中央大厅与万人大会堂，大会场的北翼是有5000个席位的大宴会厅，南翼是全国人大常委会办公楼。大会堂内还设有以全国各省、自治区、直辖市、特别行政区名称命名的厅。

民主党派 Democratic Party

中国的民主党派是中国特色社会主义参政党。《中华人民共和国宪法》明确规定："中国共产党领导的多党合作和政治协商制度将长期存在和发展。"中国新型政党制度中包括中国共产党和8个民主党派，以及无党派人士。这8个民主党派分别是中国国民党革命委员会、中国民主同盟、中国民主建国会、中国民主促进会、中国农工民主党、中国致公党、九三学社和台湾民主自治同盟。中国新型政党制度在中国的政治和社会生活中显示出独特的政治优势和强大的生命力，发挥了不可替代的重大作用。

一国两制 One Country, Two Systems

"一国两制"即"一个国家，两种制度"，是中国共产党和中国政府为实现国家和平统一而提出的基本国策。"一国两制"是指在中华人民共和国这个主权国家范围内实行两种制度，即在一个中国的前提下，国家的主体坚持社会主义制度，香港、澳门、台湾是中国不可分离的重要组成部分，作为特别行政区保持原有的资本主义制度和生活方式长期不变，享有高度的自治权。"一国两制"既体现了实现祖国统一、维护国家主权的原则性，又充分考虑到香港、澳门、台湾的历史和现实，体现了高度的灵活性。香港和澳门的顺利回归是"一国两制"在实践中取得的重大胜利。

12-02 经济

改革开放 Reform and Opening-up

改革开放指的是 1978 年 12 月中国共产党的十一届三中全会提出的中国开始实行对内改革、对外开放的政策。中国的对内改革先从农村开始，1978 年 11 月，安徽省凤阳县小岗村实行"分田到户，自负盈亏"的家庭联产承包责任制，紧接着，乡镇企业"异军突起"，拉开了中国对内改革的大幕。在城市，国营企业的自主经营权也得到了明显改善。1979 年 7 月，中共中央、国务院正式批准广东、福建两省在对外经济活动中实行特殊政策和灵活措施，迈开了改革开放的历史性脚步。对外开放成为中国的一项基本国策。1992 年，邓小平的"南方谈话"更是标志着中国的改革开放进入了一个新的阶段。改革开放使中国发生了巨大变化。2013 年 11 月召开的中国共产党的十八届三中全会，明确提出全面深化改革的总目标是完善和发展社会主义制度、推进国家治理体系和治理能力现代化，实现了改革由局部探索、破冰突围到系统集成、全面深化的转变，开创了中国改革开放新局面，对于开创新时代中国特色社会主义具有划时代意义。

深圳特区 Shenzhen Special Economic Zone

深圳特区指的是深圳经济特区，成立于 1980 年 8 月，是中国最早实行对外开放的 4 个经济特区（深圳、珠海、汕头、厦门）之一。深圳特区成立后，制定了一系列吸引外资与人才的优惠政策，加速了经济特区的发展。1992 年，中国全国人大常委会授予深圳市人民代表大会及其常委会、市政府制定地方法规和规章的权力。2010 年，深圳经济特区范围进一步延伸至全市，为深圳发展和与香港的合作开辟了更加广阔的前景。

浦东新区 Pudong New Area

浦东新区是上海市的一个市辖区，因位置在黄浦江东而得名。1990 年，中共中央、国务院决定开发浦东，从此开启了浦东发展的新篇章。浦东新区，现已逐渐发展成为一个外向型、多功能、现代化的新城区。其中心地带为陆家嘴，是众多跨国银行的大中华区及东亚总部所在地，也是中国最具影响力的金融中心之一，所建东方明珠塔已成为上海的标志性文化景观。浦东新区是上海现代化建设的缩影，是中国改革开放的象征。

"一带一路"倡议 "Belt and Road" Initiative

2013 年 9 月和 10 月，中国国家主席习近平在出访中亚和东南亚国家期间，先后提出共建"丝绸之路经济带"和"21 世纪海上丝绸之路"的重大倡议，以上倡议简称为"一带一路"倡议。"一带一路"建设有利于促进沿线各国经济繁荣与区域经济合作，加强不同文明的交流互鉴，促进世界和平发展，是一项造福世界各国人民的伟大事业。截至 2023 年 6 月，中国已累计同 152 个国家、32 个国际组织签署了 200 余份共建"一带一路"合作文件。

雄安新区 Xiong'an New Area

2017 年 4 月 1 日，中共中央、国务院决定设立河北雄安新区。雄安新区是继深圳经济特区和上海浦东新区之后又一具有全国意义的新区。雄安新区规划范围涉及河北省雄县、容城、安新 3 县及周边部分区域，地处北京、天津、保定腹地。雄安新区起步区面积约 100 平方千米，中期发展区面积约 200 平方千米，远期控制区面积约 2000 平方千米。设立河北雄安新区，是重大的历史性战略选择，是千年大计和国家大事。

12-03 民生

空巢老人 Empty-Nest Elderly

空巢老人指子女离家后单独生活的老年人。随着社会老龄化程度的加深，空巢老人越来越多，空巢老人问题已经成为了一个不容忽视的社会问题。当子女由于学习、工作、结婚等原因离家后，独守"空巢"的老年人有可能产生心理失调症状，如焦躁、悲伤、抑郁等，称为"空巢综合征"。随着中国经济的发展，老龄化问题日益突出，空巢老人现象尤其引人关注。目前社会各方面都在致力于以各种方式帮助空巢老人，使他们得以安享晚年。

户口 Household Registration

户口是住户和人口的总称。户有户主，户内每一成员称为一口。对户口的管理是国家治安管理的重要组成部分，在中国，这项工作由公安机关负责。户口管理的核心是户口登记，包括常住人口登记，暂住人口登记，出生登记，死亡登记，迁出登记，迁入登记，变更、更正登记。居民户口簿是公民依法履行常住户口登记义务的凭证，也是户口登记机关以户为单位管理常住户籍人口和进行户籍调查、核对的主要依据。其登记内容与常住人口登记表的主要登记内容一致，具有证明公民身份状况和家庭成员间相互关系的法律效力。

社会保障卡 Social Security Card

社会保障卡全称为"中华人民共和国社会保障卡"。社会保障卡用途十分广泛，如就医时凭卡进行医疗保险个人账户实时结算，办理养老保险事务，办理求职登记和失业登记手续，申领失业保险金，申请参加就业培训，申请劳动能力鉴定和申领享受工伤保险待遇，在网上办理有关劳动和社会保障事务，等等。社会保障卡采用全国统一标准，卡上的号码按照有关规定采用公民身份号码。截至2023年6月底，全国社会保障卡持卡人数达到13.74亿人。

农民工 Migrant Worker

在中国，农民工通常指的是具有农村户籍但已经在城镇或乡村社区做工的劳动者。这一群体萌芽于改革开放初期，随着改革开放的发展而不断发展。包括两类，一类是在本地乡镇企业就业的离土不离乡的农村劳动力；一类是到外地城镇从事第二、三产业的离土又离乡的农村劳动力。农民工是中国产业工人的重要组成部分，是中国改革开放和工业化、城镇化进程中的一支新型劳动大军，成为工业带动农业、城市反哺农村、发达地区带动欠发达地区的重要力量。2022年，中国农民工总量29562万人。其中，外出农民工17190万人，本地农民工12372万人。

大学生村官 College Graduate Works as a Village Official

大学生村官是指到农村（含社区）担任村党支部书记、村委会主任助理或其他村"两委"（村党支部委员会和村民委员会）职务的具有大专以上学历的应届或往届大学毕业生。大学生村官工作是中国政府做出的一项重要决策，主要目的是培养一大批社会主义新农村建设骨干人才、党政干部队伍后备人才、各行各业优秀人才。2014年5月30日，全国大学生村官工作座谈会召开，进一步明确了大学生村官工作的定位。大学生村官岗位性质为"村级组织特设岗位"，其工作、生活补助和享受保障待遇应缴纳的相关费用由中央和地方财政共同承担。

海归 Returned Overseas Student

"海归"是指有国外学习和工作经验的留学归国人员。海归不仅带来了国外先进技术和管理模式，也带来了多元化的工作理念。作为成功人士的社会集合，海归中的佼佼者们已经成为社会生活各个层面的重要力量。他们有的独立创业引领时代潮流，有的跃居著名企业的高层管理岗位，有的成为政府机构新一代领导的选拔对象。在经济全球一体化的社会，拥有更开阔的国际视野和更丰富的人生经验的海归获得了面向时代和未来的优势。

高铁 High-Speed Railway

"高铁"是高速铁路的简称，在不同国家、不同时代、不同科研学术领域具体标准有所不同。中国国家铁路局将中国高铁定义为：设计开行时速 250 千米以上（含预留）、初期运营时速 200 千米以上的客运列车专线铁路。截至 2022 年底，中国高速铁路运营里程达 4.2 万千米，稳居世界第一。目前中国已成为世界上高速铁路系统技术最全、集成能力最强、运营里程最长、运行速度最高、在建规模最大的国家。

共享单车 Shared Bike

共享单车是一种新型自行车租赁业务，是企业在校园、地铁站点、公交站点、居民区、商业区和公共服务区等处提供的自行车共享服务。共享单车是一种新型环保共享经济，它符合低碳出行的理念，可以最大化利用公共道路通行率。2022 年，共享单车的日均订单量超过了 3300 万单。目前，中国共享单车品牌众多，中国相关部门及各省（自治区、直辖市）政府已经出台相关规定，针对共享单车发展过程中出现的问题进行进一步的规范和管理。

支付宝 Alipay

支付宝是由淘宝网推出的，以支付、理财为主要服务项目，融合了生活服务、政务服务、社交、保险、公益等多个场景与行业的第三方支付平台。支付宝致力于提供"简单、安全、快速"的支付方案，公司自 2004 年成立以来为上千万小微商户提供支付服务，服务场景不断拓展。自 2014 年第二季度开始，支付宝成为全球最大的移动支付厂商。支付宝与国内外 180 多家银行和国际组织等机构建立了战略合作关系。

淘宝 Taobao

淘宝一般指淘宝网，它是中国深受欢迎的网络零售平台，由阿里巴巴集团创立于 2003 年 5 月。随着淘宝网规模的扩大和用户数量的增加，淘宝也从单一的 C2C（Consumer to Consumer）网络集市变成了包括 C2C、团购、拍卖等多种电子商务模式在内的综合性零售商圈。目前已经成为世界范围的电子商务交易平台之一。

京东 Jingdong

京东是中国自营式电商企业，1998年6月成立于北京中关村。京东旗下设有京东商城、京东金融、拍拍网、京东智能及海外事业部等。2014年5月，京东集团在美国纳斯达克证券交易所正式挂牌上市。在《中国互联网企业综合实力指数报告（2022）》中，京东在"2022年中国互联网综合实力企业"中排名第6位；在2022年《财富》世界500强的排行榜上，京东排名第46位。

微信 WeChat

微信是腾讯公司于2011年1月推出的一款即时通信社交软件。微信支持发送语音、视频、图片、表情和文字，可以一对一单聊，也可以进行多人群聊。通过为合作伙伴提供"连接一切"的能力，微信正在形成一个全新的"智慧型"生活方式，其服务包括打车、购物、医疗、生活缴费、预订酒店等。

微博 Weibo

微博是一种社交网络平台。在微博平台，一个人既可以作为观众浏览自己感兴趣的信息，也可以作为发布者发布文字、图片、视频等内容供别人浏览。发布的内容一般比较短，微博由此得名。微博最大的特点是发布信息快，传播速度快。2009年8月，新浪推出"新浪微博"内测版，成为中国门户网站中第一家提供微博服务的网站。2014年3月，新浪微博正式更名为"微博"，成为中国微博领域一枝独秀的产品。

抖音 TikTok

抖音是一种音乐创意短视频社交软件，2016年9月上线。用户可以通过抖音录制或上传视频、照片等形成自己的作品，抖音会把用户上传的作品进行分类，推送给浏览用户。抖音支持多终端观看使用，包括移动版、电脑版、网页版、电视版，以及智能终端（音箱、车载）版等。

分类索引

01 地理

01-01 地形地貌

喜马拉雅山 / 2

昆仑山 / 2

天山 / 2

长白山 / 2

泰山 / 3

黄山 / 3

秦岭 / 3

长江 / 4

黄河 / 4

珠江 / 4

钱塘江 / 4

青藏高原 / 5

呼伦贝尔草原 / 5

吐鲁番盆地 / 5

鄱阳湖 / 5

青海湖 / 6

太湖 / 6

01-02 中国近海

渤海 / 6

黄海 / 7

东海 / 7

南海 / 7

01-03 资源与环境

矿产资源 / 8

水资源 / 8

动物资源 / 8

植物资源 / 8

环境保护 / 9

01-04 行政区划

省 / 9

自治区 / 9

直辖市 / 10

特别行政区 / 10

01-05 交通与水利

铁路 / 10

公路 / 10

航空 / 11

水运 / 11

南水北调工程 / 11

都江堰 / 11

京杭运河 / 12

01-06 旅游地理

平遥古城 / 12

丽江古城 / 12

景德镇 / 13

西双版纳 / 13

香格里拉 / 13
九寨沟 / 14
额济纳 / 14

02 历史

02-01 远古

三皇五帝 / 16
仰韶文化 / 16
河姆渡文化 / 16

02-02 夏商周

三星堆遗址 / 17
二里头文化 / 17
武王伐纣 / 17
井田制 / 18
宗法制 / 18
春秋五霸 / 18
初税亩制 / 18
战国七雄 / 19
商鞅变法 / 19
封禅 / 19

02-03 秦汉

秦始皇 / 19
三公九卿 / 20
郡县制 / 20
焚书坑儒 / 20
陈胜、吴广起义 / 21

楚汉之争 / 21
文景之治 / 21
《史记》/ 22
赤壁之战 / 22

02-04 三国两晋南北朝

三国鼎立 / 22
十六国 / 23
淝水之战 / 23
九品中正制 / 23

02-05 隋唐宋

三省六部制 / 24
贞观之治 / 24
武则天 / 24
开元盛世 / 24
安史之乱 / 25
王安石变法 / 25
《资治通鉴》/ 25

02-06 元明清

成吉思汗 / 26
忽必烈 / 26
郑成功 / 26
《永乐大典》/ 26
康乾盛世 / 26
《四库全书》/ 27
八旗制度 / 27
鸦片战争 / 27

第二次鸦片战争 / 28

太平天国 / 28

洋务运动 / 28

甲午战争 / 29

戊戌变法 / 29

02-07 中华民国

辛亥革命 / 29

中华民国 / 30

孙中山 / 30

新文化运动 / 31

五四运动 / 31

中国共产党 / 31

03 哲学

03-01 先秦哲学

孔子 / 34

儒家学派 / 34

《论语》/ 34

仁 / 35

礼 / 35

六艺 / 35

《周礼》/ 35

《仪礼》/ 36

《礼记》/ 36

孟子 / 36

舍生取义 / 36

性善论 / 37

荀子 / 37

性恶论 / 37

老子 / 37

庄子 / 38

道家学派 / 38

《道德经》/ 38

《庄子》/ 39

墨子 / 39

墨家学派 / 39

"兼爱"与"非攻" / 40

韩非子 / 40

法家学派 / 40

孙子 / 41

《孙子兵法》/ 41

《孙膑兵法》/ 41

邹衍与阴阳家 / 42

风水 / 42

五行 / 42

"五德终始"说 / 42

《周易》/ 43

《易传》/ 43

八卦 / 43

名家 / 44

《公孙龙子》/ 44

白马非马 / 44

03-02 汉代经学

经学 / 45

董仲舒 / 45

三纲五常 / 45

《孝经》/ 46

郑玄 / 46

03-03 魏晋玄学

何晏 / 46

名教与自然 / 47

王弼 / 47

得意忘象 / 47

向秀与郭象 / 48

03-04 宋明理学

宋明理学 / 48

周敦颐 / 48

太极图 / 49

邵雍 / 49

张载 / 50

二程 / 50

朱熹 / 50

《朱子语类》/ 51

四书五经 / 51

《中庸》/ 51

《大学》/ 52

十三经 / 52

王阳明 / 52

03-05 清代哲学

黄宗羲 / 53

《宋元学案》/ 53

《明儒学案》/ 54

顾炎武 / 54

王夫之 / 54

经世致用 / 55

朴学 / 55

戴震 / 55

04 宗教

04-01 佛教

佛教 / 58

禅宗 / 58

天台宗 / 58

净土宗 / 59

藏传佛教 / 59

达赖 / 59

班禅 / 59

四大石窟 / 59

大足石刻 / 60

04-02 道教

道教 / 60

三清 / 60

辟谷 / 61

陶弘景 / 61

《太上感应篇》/ 61

正一道 / 62

上清派 / 62

灵宝派 / 62

葛洪 / 62

寇谦之 / 63

全真教 / 63

丘处机 / 63

道藏 / 63

道教四大名山 / 64

白云观 / 64

04-03 伊斯兰教

伊斯兰教 / 64

清真寺 / 65

开斋节 / 65

古尔邦节 / 65

04-04 基督教

基督教 / 65

天主教 / 66

大三巴 / 66

北京四堂 / 66

05 文学

05-01 体裁类型

楚辞 / 68

汉赋 / 68

乐府 / 68

古体诗 / 69

近体诗 / 69

古文 / 69

骈文 / 69

八股文 / 70

山水诗 / 70

田园诗 / 70

边塞诗 / 71

唐诗 / 71

宋词 / 71

元曲 / 72

元杂剧 / 72

唐传奇 / 72

明清小说 / 73

朦胧诗 / 73

武侠小说 / 73

网络文学 / 74

玄幻小说 / 74

05-02 作家

屈原 / 74

陶渊明 / 75

王维 / 75

李白 / 75

杜甫 / 76

韩愈 / 76

白居易 / 76

柳宗元 / 77

欧阳修 / 77

苏轼 / 77

李清照 / 78

陆游 / 78

辛弃疾 / 78

关汉卿 / 79

汤显祖 / 79

龚自珍 / 79

鲁迅 / 80

郭沫若 / 80

茅盾 / 80

老舍 / 81

巴金 / 81

曹禺 / 81

钱锺书 / 81

张爱玲 / 82

金庸 / 82

梁晓声 / 82

贾平凹 / 83

莫言 / 83

05-03 名著

《诗经》/ 83

《山海经》/ 84

《古诗十九首》/ 84

《唐诗三百首》/ 84

《文心雕龙》/ 85

《临川四梦》/ 85

《三国演义》/ 85

《水浒传》/ 86

《西游记》/ 86

《红楼梦》/ 86

《三体》/ 87

05-04 人物形象

孙悟空 / 87

猪八戒 / 87

唐僧 / 88

贾宝玉 / 88

林黛玉 / 88

武松 / 89

宋江 / 89

鲁智深 / 89

诸葛亮 / 90

关羽 / 90

张飞 / 90

05-05 理论学说

温柔敦厚 / 91

诗言志 / 91

自然 / 91

建安风骨 / 92

魏晋风度 / 92

盛唐气象 / 92

返璞归真 / 92

复古派 / 93

神韵说 / 93

意境 / 93

05-06 寓言故事

愚公移山 / 94

守株待兔 / 94

刻舟求剑 / 94

掩耳盗铃 / 94

画蛇添足 / 95

狐假虎威 / 95

南辕北辙 / 95

呆若木鸡 / 95

井底之蛙 / 96

杞人忧天 / 96

朝三暮四 / 96

滥竽充数 / 96

06 艺术

06-01 建筑

长城 / 98

三孔 / 98

少林寺 / 98

拙政园 / 98

布达拉宫 / 99

故宫 / 99

太庙 / 99

天坛 / 100

社稷坛 / 100

地坛 / 100

明十三陵 / 101

承德避暑山庄 / 101

圆明园 / 101

颐和园 / 102

雍和宫 / 102

清东陵与清西陵 / 102

四合院 / 102

胡同 / 103

徽派民居 / 103

蒙古包 / 103

土楼 / 104

鸟巢 / 104

中国国家大剧院 / 104

06-02 绘画

顾恺之 / 105

以形写神 / 105

《清明上河图》/ 105

八大山人 / 106

扬州八怪 / 106

郎世宁 / 106

齐白石 / 106

徐悲鸿 / 107

06-03 书法

王羲之 / 107

魏碑 / 107

欧阳询 / 108

颠张狂素 / 108

颜筋柳骨 / 108

颜真卿 / 108
柳公权 / 109
米芾 / 109
赵孟頫 / 109
董其昌 / 110
文房四宝 / 110

06-04 雕塑

兵马俑 / 110
马踏飞燕 / 110

06-05 音乐

雅乐与燕乐 / 111
《乐记》/ 111
《高山流水》/ 111
民乐 / 112
民歌 / 112
编钟 / 112
古琴 / 113
二胡 / 113
《十二木卡姆》/ 113
长调 / 113
邓丽君 / 114
《霓裳羽衣曲》/ 114

06-06 舞蹈

傣族孔雀舞 / 114
苗族锦鸡舞 / 115
《千手观音》/ 115

06-07 戏剧

傩戏 / 115
梨园 / 116
皮影戏 / 116
昆曲 / 116
京剧 / 116
脸谱 / 117
梅兰芳 / 117
话剧 / 117
北京人民艺术剧院 / 118

06-08 器物

彩陶 / 118
红山文化玉龙 / 118
良渚文化玉琮 / 118
殷墟玉凤 / 119
后母戊鼎 / 119
四羊方尊 / 119
利簋 / 119
莲鹤方壶 / 120
瓷器 / 120
窑变 / 120
青花瓷 / 120
唐三彩 / 121
紫砂壶 / 121
渎山大玉海 / 121
珐琅彩 / 121
景泰蓝 / 122

《大禹治水图》玉山 / 122

07 语言文字

07-01 语言

雅言 / 124

方言 / 124

文言文 / 124

白话文 / 124

普通话 / 125

少数民族语言 / 125

押韵 / 125

平仄 / 126

对仗 / 126

语讳 / 126

口彩 / 126

成语 / 127

歇后语 / 127

惯用语 / 127

07-02 文字

《三字经》/ 128

《百家姓》/ 128

《千字文》/ 128

仓颉造字 / 129

六书 / 129

《说文解字》/ 129

象形 / 130

指事 / 130

会意 / 130

形声 / 131

偏旁 / 131

部首 / 131

甲骨文 / 131

金文 / 132

大篆 / 132

小篆 / 132

石鼓文 / 133

隶书 / 133

草书 / 133

行书 / 134

楷书 / 134

繁体字 / 134

简化字 / 134

08 民俗与民间故事

08-01 节日习俗

春节 / 136

送红包 / 136

元宵节 / 136

清明节 / 136

端午节 / 137

七夕节 / 137

中秋节 / 137

重阳节 / 138

腊八节 / 138

歌圩节 / 138
泼水节 / 138
那达慕大会 / 139
火把节 / 139
藏历年 / 139
花山节 / 140
丰收节 / 140

08-02 饮食习俗

四大菜系 / 140
满汉全席 / 140
饺子 / 141
北京烤鸭 / 141
煎饼馃子 / 141
酒礼 / 142
中国茶 / 142
《茶经》/ 142
茶馆 / 142
盖碗茶 / 143
茶礼 / 143
浅茶满酒 / 143
筷礼八忌 / 144

08-03 服饰

汉服 / 144
唐装 / 144
凤冠霞帔 / 144
盖头 / 145
旗袍 / 145

中山装 / 145

08-04 民间艺术

曲艺 / 146
相声 / 146
快板 / 146
小品 / 146
舞龙 / 147
舞狮 / 147
高跷 / 147
秧歌 / 148

08-05 民间工艺

中国结 / 148
刺绣 / 148
扇子 / 149
剪纸 / 149
年画 / 149
面塑 / 149
灯笼 / 150
蜡染 / 150
风筝 / 150

08-06 武术与运动

十八般武艺 / 151
太极拳 / 151
蹴鞠 / 151
毽子 / 152
功夫 / 152

08-07 人生礼俗

满月 / 152

百日 / 152

成人礼 / 153

月老 / 153

红娘 / 153

相亲 / 153

六礼 / 154

回门 / 154

08-08 民间信仰

土地神 / 154

门神 / 155

财神 / 155

关公庙 / 155

祠堂 / 156

送子娘娘 / 156

龙 / 156

凤凰 / 156

岁寒三友 / 157

十二生肖 / 157

08-09 民间故事

盘古开天 / 157

女娲补天 / 158

大禹治水 / 158

牛郎织女 / 158

梁山伯与祝英台 / 158

白蛇与许仙 / 159

孟姜女哭长城 / 159

八仙过海 / 159

二十四孝 / 160

09 教育

09-01 制度

科举制度 / 162

高考 / 162

09-02 教育理念

有教无类 / 163

因材施教 / 163

学而优则仕 / 163

教学相长 / 163

传道、授业、解惑 / 164

应试教育 / 164

素质教育 / 164

09-03 学校发展

书院 / 165

私塾 / 165

杏坛 / 165

国子监 / 166

翰林院 / 166

同文馆 / 166

京师大学堂 / 167

09-04 教育家

蔡元培 / 167

陶行知 / 168

10 科学与技术

10-01 天文与历法

纪年 / 170

天干、地支 / 170

农历 / 170

正月 / 170

腊月 / 171

星宿 / 171

节气 / 171

浑天仪 / 171

郭守敬 / 172

10-02 地学

候风地动仪 / 172

《水经注》/ 172

李四光 / 173

10-03 农学

《齐民要术》/ 173

《农政全书》/ 173

袁隆平 / 174

10-04 算学

十进位值制 / 174

算筹和算盘 / 174

《九章算术》/ 175

割圆术 / 175

祖冲之 / 175

沈括 / 175

10-05 医学

中医学 / 176

药食同源 / 176

医道同源 / 176

望闻问切 / 177

中药 / 177

同仁堂 / 177

针灸 / 178

刮痧 / 178

拔罐 / 178

《黄帝内经》/ 178

《神农本草经》/ 179

华佗 / 179

张仲景 / 179

李时珍 / 180

屠呦呦 / 180

10-06 航天与航空

钱学森 / 180

"东方红一号" / 181

"神舟五号" / 181

"嫦娥一号" / 181

"天宫"空间实验室 / 182

"玉兔号"月球车 / 182

"北斗"卫星导航系统 / 182

国航 / 183

C919 客机 / 183

11 中外文化交流

11-01 秦汉

徐福东渡 / 186

张骞出使西域 / 186

丝绸之路 / 186

海上丝绸之路 / 186

11-02 唐宋

市舶司 / 187

遣唐使 / 187

玄奘西行 / 187

鉴真东渡 / 188

阿倍仲麻吕 / 188

崔致远 / 188

11-03 元明清

《马可·波罗游记》/ 189

郑和下西洋 / 189

耶稣会士东来 / 189

利玛窦 / 190

汤若望 / 190

威妥玛 / 190

西学东渐 / 190

东学西传 / 191

容闳 / 191

戈鲲化 / 191

严复 / 192

11-04 当代

李小龙 / 192

北京奥运会 / 192

上海世博会 / 193

昆明世博园 / 193

中外文化年 / 193

12 国情

12-01 政治

中华人民共和国 / 196

人民大会堂 / 196

民主党派 / 196

一国两制 / 197

12-02 经济

改革开放 / 197

深圳特区 / 197

浦东新区 / 198

"一带一路"倡议 / 198

雄安新区 / 198

12-03 民生

空巢老人 / 199

户口 / 199

社会保障卡 / 199

农民工 / 200

大学生村官 / 200

海归 / 200

高铁 / 200

共享单车 / 201

支付宝 / 201

淘宝 / 201

京东 / 202

微信 / 202

微博 / 202

抖音 / 202

音序索引

— A —

阿倍仲麻吕 / 188

安史之乱 / 25

— B —

八大山人 / 106

八股文 / 70

八卦 / 43

八旗制度 / 27

八仙过海 / 159

巴金 / 81

拔罐 / 178

白话文 / 124

白居易 / 76

白马非马 / 44

白蛇与许仙 / 159

白云观 / 64

《百家姓》/ 128

百日 / 152

班禅 / 59

"北斗"卫星导航系统 / 182

北京奥运会 / 192

北京烤鸭 / 141

北京人民艺术剧院 / 118

北京四堂 / 66

辟谷 / 61

边塞诗 / 71

编钟 / 112

兵马俑 / 110

渤海 / 6

布达拉宫 / 99

部首 / 131

— C —

C919 客机 / 183

财神 / 155

彩陶 / 118

蔡元培 / 167

仓颉造字 / 129

曹禺 / 81

草书 / 133

茶馆 / 142

《茶经》/ 142

茶礼 / 143

禅宗 / 58

长白山 / 2

长城 / 98

长调 / 113

长江 / 4

"嫦娥一号" / 181

陈胜、吴广起义 / 21

成吉思汗 / 26

217

成人礼 / 153
成语 / 127
承德避暑山庄 / 101
赤壁之战 / 22
重阳节 / 138
初税亩制 / 18
楚辞 / 68
楚汉之争 / 21
传道、授业、解惑 / 164
春节 / 136
春秋五霸 / 18
祠堂 / 156
瓷器 / 120
刺绣 / 148
蹴鞠 / 151
崔致远 / 188

D

达赖 / 59
大三巴 / 66
《大学》/ 52
大学生村官 / 200
大禹治水 / 158
《大禹治水图》玉山 / 122
大篆 / 132
大足石刻 / 60
呆若木鸡 / 95
傣族孔雀舞 / 114

戴震 / 55
《道德经》/ 38
道家学派 / 38
道教 / 60
道教四大名山 / 64
道藏 / 63
得意忘象 / 47
灯笼 / 150
邓丽君 / 114
地坛 / 100
第二次鸦片战争 / 28
颠张狂素 / 108
"东方红一号" / 181
东海 / 7
东学西传 / 191
董其昌 / 110
董仲舒 / 45
动物资源 / 8
抖音 / 202
都江堰 / 11
渎山大玉海 / 121
杜甫 / 76
端午节 / 137
对仗 / 126

E

额济纳 / 14
二程 / 50

二胡 / 113

二里头文化 / 17

二十四孝 / 160

F

法家学派 / 40

珐琅彩 / 121

繁体字 / 134

返璞归真 / 92

方言 / 124

淝水之战 / 23

焚书坑儒 / 20

丰收节 / 140

风水 / 42

风筝 / 150

封禅 / 19

凤冠霞帔 / 144

凤凰 / 156

佛教 / 58

复古派 / 93

G

改革开放 / 197

盖头 / 145

盖碗茶 / 143

高考 / 162

高跷 / 147

《高山流水》/ 111

高铁 / 200

戈鲲化 / 191

割圆术 / 175

歌圩节 / 138

葛洪 / 62

公路 / 10

《公孙龙子》/ 44

功夫 / 152

龚自珍 / 79

共享单车 / 201

古尔邦节 / 65

古琴 / 113

《古诗十九首》/ 84

古体诗 / 69

古文 / 69

故宫 / 99

顾恺之 / 105

顾炎武 / 54

刮痧 / 178

关公庙 / 155

关汉卿 / 79

关羽 / 90

惯用语 / 127

郭沫若 / 80

郭守敬 / 172

国航 / 183

国子监 / 166

219

—— H ——

海归 / 200

海上丝绸之路 / 186

韩非子 / 40

韩愈 / 76

汉服 / 144

汉赋 / 68

翰林院 / 166

航空 / 11

何晏 / 46

河姆渡文化 / 16

《红楼梦》/ 86

红娘 / 153

红山文化玉龙 / 118

后母戊鼎 / 119

候风地动仪 / 172

呼伦贝尔草原 / 5

忽必烈 / 26

狐假虎威 / 95

胡同 / 103

户口 / 199

花山节 / 140

华佗 / 179

画蛇添足 / 95

话剧 / 117

环境保护 / 9

《黄帝内经》/ 178

黄海 / 7

黄河 / 4

黄山 / 3

黄宗羲 / 53

徽派民居 / 103

回门 / 154

会意 / 130

浑天仪 / 171

火把节 / 139

—— J ——

基督教 / 65

纪年 / 170

甲骨文 / 131

甲午战争 / 29

贾宝玉 / 88

贾平凹 / 83

"兼爱"与"非攻" / 40

煎饼馃子 / 141

剪纸 / 149

简化字 / 134

建安风骨 / 92

毽子 / 152

鉴真东渡 / 188

饺子 / 141

教学相长 / 163

节气 / 171

金文 / 132

金庸 / 82
近体诗 / 69
京东 / 202
京杭运河 / 12
京剧 / 116
京师大学堂 / 167
经世致用 / 55
经学 / 45
井底之蛙 / 96
井田制 / 18
景德镇 / 13
景泰蓝 / 122
净土宗 / 59
九品中正制 / 23
九寨沟 / 14
《九章算术》 / 175
酒礼 / 142
郡县制 / 20

— K —

开元盛世 / 24
开斋节 / 65
楷书 / 134
康乾盛世 / 26
科举制度 / 162
刻舟求剑 / 94
空巢老人 / 199
孔子 / 34

口彩 / 126
寇谦之 / 63
快板 / 146
筷礼八忌 / 144
矿产资源 / 8
昆仑山 / 2
昆明世博园 / 193
昆曲 / 116

— L —

腊八节 / 138
腊月 / 171
蜡染 / 150
滥竽充数 / 96
郎世宁 / 106
老舍 / 81
老子 / 37
梨园 / 116
礼 / 35
《礼记》 / 36
李白 / 75
李清照 / 78
李时珍 / 180
李四光 / 173
李小龙 / 192
丽江古城 / 12
利簋 / 119
利玛窦 / 190

221

隶书 / 133

莲鹤方壶 / 120

脸谱 / 117

良渚文化玉琮 / 118

梁山伯与祝英台 / 158

梁晓声 / 82

林黛玉 / 88

《临川四梦》/ 85

灵宝派 / 62

柳公权 / 109

柳宗元 / 77

六礼 / 154

六书 / 129

六艺 / 35

龙 / 156

鲁迅 / 80

鲁智深 / 89

陆游 / 78

《论语》/ 34

— M —

《马可·波罗游记》/ 189

马踏飞燕 / 110

满汉全席 / 140

满月 / 152

茅盾 / 80

梅兰芳 / 117

门神 / 155

蒙古包 / 103

朦胧诗 / 73

孟姜女哭长城 / 159

孟子 / 36

米芾 / 109

面塑 / 149

苗族锦鸡舞 / 115

民歌 / 112

民乐 / 112

民主党派 / 196

名家 / 44

名教与自然 / 47

明清小说 / 73

《明儒学案》/ 54

明十三陵 / 101

莫言 / 83

墨家学派 / 39

墨子 / 39

— N —

那达慕大会 / 139

南海 / 7

南水北调工程 / 11

南辕北辙 / 95

《霓裳羽衣曲》/ 114

年画 / 149

鸟巢 / 104

牛郎织女 / 158

农历 / 170

农民工 / 200

《农政全书》/ 173

女娲补天 / 158

傩戏 / 115

— O —

欧阳修 / 77

欧阳询 / 108

— P —

盘古开天 / 157

皮影戏 / 116

偏旁 / 131

骈文 / 69

平遥古城 / 12

平仄 / 126

泼水节 / 138

鄱阳湖 / 5

朴学 / 55

浦东新区 / 198

普通话 / 125

— Q —

七夕节 / 137

齐白石 / 106

《齐民要术》/ 173

旗袍 / 145

杞人忧天 / 96

《千手观音》/ 115

《千字文》/ 128

钱塘江 / 4

钱学森 / 180

钱锺书 / 81

浅茶满酒 / 143

遣唐使 / 187

秦岭 / 3

秦始皇 / 19

青海湖 / 6

青花瓷 / 120

青藏高原 / 5

清东陵与清西陵 / 102

清明节 / 136

《清明上河图》/ 105

清真寺 / 65

丘处机 / 63

屈原 / 74

曲艺 / 146

全真教 / 63

— R —

人民大会堂 / 196

仁 / 35

容闳 / 191

儒家学派 / 34

— S —

三纲五常 / 45

223

三公九卿 / 20

三国鼎立 / 22

《三国演义》/ 85

三皇五帝 / 16

三孔 / 98

三清 / 60

三省六部制 / 24

《三体》/ 87

三星堆遗址 / 17

《三字经》/ 128

《山海经》/ 84

山水诗 / 70

扇子 / 149

商鞅变法 / 19

上海世博会 / 193

上清派 / 62

少数民族语言 / 125

少林寺 / 98

邵雍 / 49

舍生取义 / 36

社会保障卡 / 199

社稷坛 / 100

深圳特区 / 197

《神农本草经》/ 179

神韵说 / 93

"神舟五号" / 181

沈括 / 175

省 / 9

盛唐气象 / 92

《诗经》/ 83

诗言志 / 91

十八般武艺 / 151

《十二木卡姆》/ 113

十二生肖 / 157

十进位值制 / 174

十六国 / 23

十三经 / 52

石鼓文 / 133

《史记》/ 22

市舶司 / 187

守株待兔 / 94

书院 / 165

《水浒传》/ 86

《水经注》/ 172

水运 / 11

水资源 / 8

《说文解字》/ 129

丝绸之路 / 186

私塾 / 165

四大菜系 / 140

四大石窟 / 59

四合院 / 102

《四库全书》/ 27

四书五经 / 51

四羊方尊 / 119

宋词 / 71

宋江 / 89

宋明理学 / 48

《宋元学案》/ 53

送红包 / 136

送子娘娘 / 156

苏轼 / 77

素质教育 / 164

算筹和算盘 / 174

岁寒三友 / 157

《孙膑兵法》/ 41

孙悟空 / 87

孙中山 / 30

孙子 / 41

《孙子兵法》/ 41

— T —

太湖 / 6

太极拳 / 151

太极图 / 49

太庙 / 99

太平天国 / 28

《太上感应篇》/ 61

泰山 / 3

汤若望 / 190

汤显祖 / 79

唐传奇 / 72

唐三彩 / 121

唐僧 / 88

唐诗 / 71

《唐诗三百首》/ 84

唐装 / 144

陶弘景 / 61

陶行知 / 168

陶渊明 / 75

淘宝 / 201

特别行政区 / 10

天干、地支 / 170

"天宫"空间实验室 / 182

天山 / 2

天台宗 / 58

天坛 / 100

天主教 / 66

田园诗 / 70

铁路 / 10

同仁堂 / 177

同文馆 / 166

屠呦呦 / 180

土地神 / 154

土楼 / 104

吐鲁番盆地 / 5

— W —

王安石变法 / 25

王弼 / 47

王夫之 / 54

王维 / 75

王羲之 / 107
王阳明 / 52
网络文学 / 74
望闻问切 / 177
威妥玛 / 190
微博 / 202
微信 / 202
魏碑 / 107
魏晋风度 / 92
温柔敦厚 / 91
文房四宝 / 110
文景之治 / 21
《文心雕龙》/ 85
文言文 / 124
"五德终始"说 / 42
五四运动 / 31
五行 / 42
武松 / 89
武王伐纣 / 17
武侠小说 / 73
武则天 / 24
舞龙 / 147
舞狮 / 147
戊戌变法 / 29

— X —

西双版纳 / 13
西学东渐 / 190

《西游记》/ 86
喜马拉雅山 / 2
相亲 / 153
香格里拉 / 13
向秀与郭象 / 48
相声 / 146
象形 / 130
小品 / 146
小篆 / 132
《孝经》/ 46
歇后语 / 127
辛亥革命 / 29
辛弃疾 / 78
新文化运动 / 31
星宿 / 171
行书 / 134
形声 / 131
杏坛 / 165
性恶论 / 37
性善论 / 37
雄安新区 / 198
徐悲鸿 / 107
徐福东渡 / 186
玄幻小说 / 74
玄奘西行 / 187
学而优则仕 / 163
荀子 / 37

Y

押韵 / 125

鸦片战争 / 27

雅言 / 124

雅乐与燕乐 / 111

严复 / 192

颜筋柳骨 / 108

颜真卿 / 108

掩耳盗铃 / 94

秧歌 / 148

扬州八怪 / 106

洋务运动 / 28

仰韶文化 / 16

窑变 / 120

药食同源 / 176

耶稣会士东来 / 189

"一带一路"倡议 / 198

一国两制 / 197

伊斯兰教 / 64

医道同源 / 176

《仪礼》/ 36

颐和园 / 102

以形写神 / 105

《易传》/ 43

意境 / 93

因材施教 / 163

殷墟玉凤 / 119

应试教育 / 164

雍和宫 / 102

《永乐大典》/ 26

有教无类 / 163

愚公移山 / 94

语讳 / 126

"玉兔号"月球车 / 182

元曲 / 72

元宵节 / 136

元杂剧 / 72

袁隆平 / 174

圆明园 / 101

月老 / 153

乐府 / 68

《乐记》/ 111

Z

藏传佛教 / 59

藏历年 / 139

战国七雄 / 19

张爱玲 / 82

张飞 / 90

张骞出使西域 / 186

张载 / 50

张仲景 / 179

朝三暮四 / 96

赵孟頫 / 109

贞观之治 / 24

针灸 / 178

正一道 / 62

正月 / 170

郑成功 / 26

郑和下西洋 / 189

郑玄 / 46

支付宝 / 201

直辖市 / 10

植物资源 / 8

指事 / 130

中国茶 / 142

中国共产党 / 31

中国国家大剧院 / 104

中国结 / 148

中华民国 / 30

中华人民共和国 / 196

中秋节 / 137

中山装 / 145

中外文化年 / 193

中药 / 177

中医学 / 176

《中庸》 / 51

周敦颐 / 48

《周礼》 / 35

《周易》 / 43

朱熹 / 50

《朱子语类》 / 51

珠江 / 4

诸葛亮 / 90

猪八戒 / 87

庄子 / 38

《庄子》 / 39

拙政园 / 98

《资治通鉴》 / 25

紫砂壶 / 121

自然 / 91

自治区 / 9

宗法制 / 18

邹衍与阴阳家 / 42

祖冲之 / 175